# My Ending Note

## My Ending Note　目次

「My Ending Note」について —————— 4

# 第1章　「私」について

「私」のこと ———————————— 6
「私」のこれまでを振り返る ————— 10
現在の「私」について ——————— 16
「私」の家族について ——————— 18
「私」の友人・仲間について ———— 26
「私」の健康について ——————— 28

# 第2章　「私の財産」について

預貯金 ——————————————— 32
株式・投資信託など ——————— 34
そのほかの資産 ————————— 36
住居・不動産 —————————— 38
生命保険・損害保険 ——————— 40
年金 ——————————————— 42
ローンと負債 —————————— 44

### 解説コラム

名義人が亡くなったらどうなる？① — 35
名義人が亡くなったらどうなる？② — 37
抵当権抹消の手続きについて — 39

公的年金を受給するためには ———— 43
遺族年金を受給できる場合 ———— 43
負債が多ければ相続放棄の選択も — 45

# 第3章 「もしものとき」のために

介護について —————————— 48
尊厳死と延命について —————————— 54
葬儀について —————————— 58
お墓や法要について —————————— 72

## 解説コラム

成年後見制度とは？ —————————— 50
公的介護保険の利用方法と手続き —————— 51
公的介護保険で受けられるサービス —— 52
尊厳死を希望する場合 —————————— 56
臓器提供と献体について —————————— 57
意思を生かせる生前予約と生前契約 — 59
遺影の準備について —————————— 62

臨終から葬儀までの流れ —————————— 66
さまざまな葬儀のスタイル —————————— 68
葬儀社選びのポイント —————————— 69
死亡後のおもな手続きや届け出 —————— 70
死後事務委任契約 —————————— 75
さまざまな埋葬方法 —————————— 76
法要の基礎知識 —————————— 77

# 第4章 伝えておきたいこと

遺言について —————————— 80
ペットについて —————————— 90
身の回り品の処分について —————————— 92
その他、伝えておきたいこと —————————— 94

## 解説コラム

遺言書について —————————— 81
普通方式遺言書の種類 —————————— 82
遺言信託制度とは —————————— 84

賢い贈与の方法 —————————— 85
相続についての基礎知識 —————————— 86

# 「My Ending Note」について

　このノートは、あなたのこれまでの人生を振り返り、これからの人生を
より充実させるためのものです。ご自身に関することをまとめるページ、
ご家族への感謝を綴るページ、「もしものとき」のために書き残しておく
ページなど、内容もさまざまです。ここでご紹介する書き方を参考にして、
ぜひ、あなたらしい一冊に仕上げてください。

✳このノートは、事柄を記述する部分と、ご自分の希望や気持ちに当てはまるものを
　選択する（□にチェックを入れる）部分で構成されています。とくに記述する部分
　は、ご自分の考えがまとまりきらず、なかなか書き進められないかもしれません。
　そんなときも、焦らずに書ける部分から始めてください。一気にすべてを書く必要
　はありません。少しずつ進めていけば大丈夫です。

✳ひととおり書き終えた後でも、たびたび読み返して、ご自分の考えや希望で変化し
　たところがあれば書き直しましょう。また、あなたの思いが詰まった一冊なのです
　から、このノートを書いてあることとノートの保管場所を信頼できるかたに伝えて
　おくことをおすすめします。

✳いわゆる「終活」の参考となる、実用情報をまとめたコラムもご用意しています。
　それぞれのコラム内容が、おもにどなた向けなのかを「あなた向け」「ご家族向け」
　のマークに色をつけて示していますので、読む際の目安としてください。また、コ
　ラムで扱った内容をさらに詳しく知りたい場合は、専門書やインターネットで調べ
　たり、専門家に相談したりするとよいでしょう。

# 第1章

# 「私」について

# 「私」のこと

あなた自身について書くことから、この「My Ending Note」は始まります。この項目は、ご自分のプロフィールや経歴などをまとめるページとなっていますので、気負うことなく筆を進められるのではないでしょうか。

記入日　　　年　　　月　　　日

✻ 氏名（ふりがな）　　　　　　（旧姓）

✻ 生年月日　　　　年　　　月　　　日生まれ

✻ 現住所

✻ 干支　　　　　　　　　✻ 星座

✻ 出生地

✻ 本籍地

（過去の本籍地）　　年　　月　　日〜　　　年　　月　　日

（過去の本籍地の住所）

✻ 名前をつけてくれた人・名前の由来

**書き方のヒント**　昔のことは記憶が曖昧になっている場合も多いでしょう。学歴や職歴で、正確な時期が不明な項目があるかもしれませんが、わかる範囲で少しずつ書き進めれば問題ありません。

## ✱ 学歴

| 保育園 幼稚園 | 年入園 年卒園 |
|---|---|
| 小学校 | 年入学 年卒業 |
| 中学校 | 年入学 年卒業 |
| 高等学校 | 年入学 年卒業 |
| 大学 専門学校 | 年入学 年卒業 |

その他

## ✱ 職歴（携わった仕事、転勤や部署の異動なども）

| （会社名） | 年　月入社 年　月退社 |
|---|---|

## ✱ パートナー歴

＊ 居住歴（住所の変更）

　　　　　　　　　　　　　　　　　　年　　　月　～　　　年　　　月

　　　　　　　　　　　　　　　　　　年　　　月　～　　　年　　　月

　　　　　　　　　　　　　　　　　　年　　　月　～　　　年　　　月

　　　　　　　　　　　　　　　　　　年　　　月　～　　　年　　　月

　　　　　　　　　　　　　　　　　　年　　　月　～　　　年　　　月

　　　　　　　　　　　　　　　　　　年　　　月　～　　　年　　　月

＊ マイナンバー・パスポート・取得した資格・免許

| 名称 | 取得年月日 | 番号・記号など |
|---|---|---|
| マイナンバー | 年　　月　　日 | |
| パスポート | 年　　月　　日 | |
| | | |
| | | |
| | | |
| | | |
| | | |

## ✳ 自分の性格について

長所：

短所：

自分の性格は家族の誰に似ている？：

## ✳ これからの人生について、今、考えること

第1章　「私」について

第2章　「私の財産」について

第3章　「もしものとき」のために

第4章　伝えておきたいこと

# 「私」のこれまでを振り返る

これまでの人生において、それぞれの年代での思い出を綴るページです。この項目を書くために、昔の写真や学生時代の成績表などを改めて見直してみてはいかがでしょう。忘れていたかつての記憶も、蘇ってくるかもしれません。

記入日　　　　年　　　月　　　日

## 誕生したころのこと

✳ 生まれた場所

✳ 誕生時の身長・体重　　　　　　　　　cm　　　　　　　g

✳ 誕生時のエピソード

## 幼少のころのこと

✳ 好きだった遊び

✳ 保育園・幼稚園の先生

✳ 幼少のころの思い出

**書き方の
ヒント**　どのページにもいえることですが、すべての欄を一度に埋める必要はありません。記憶が定かで、すぐに書けるところから始め、徐々に昔のことを思い出して進めていけば大丈夫です。

## 小学生時代のこと

* 好きだった科目

* 好きだった遊び

* 仲のよかった友だち

* ニックネーム

* 思い出に残る先生

* 学校行事の思い出

## 中学生時代のこと

* 得意だった科目

* 熱中したこと

* 仲のよかった友だち

* ニックネーム

* 思い出に残る先生

* 学校行事の思い出

## 高校生時代のこと

✳ 得意だった科目

✳ 打ち込んだこと

✳ 仲のよかった友だち

✳ ニックネーム

✳ 思い出に残る先生

✳ 学校行事の思い出


## 大学生・専門学校生時代のこと

✳ 学んだ科目・内容

✳ 打ち込んだこと

✳ 仲のよかった友だち

✳ 思い出に残る先生

✳ 経験したアルバイト

✳ 学生生活の思い出

# 20代のころのこと

✳ 趣味や打ち込んだこと

✳ めぐり合った人

✳ 影響を受けた人

✳ 旅行など思い出に残ること

# 30代のころのこと

✳ 趣味や打ち込んだこと

✳ めぐり合った人

✳ 影響を受けた人

✳ 旅行など思い出に残ること

# 40代のころのこと

✳ 趣味や打ち込んだこと

✳ めぐり合った人

✳ 影響を受けた人

✳ 旅行など思い出に残ること

第1章 「私」について

第2章 「私の財産」について

第3章 「もしものとき」のために

第4章 伝えておきたいこと

## 50代のころのこと

＊ 趣味や打ち込んだこと

＊ めぐり合った人

＊ 影響を受けた人

＊ 旅行など思い出に残ること

## 60代のころのこと

＊ 趣味や打ち込んだこと

＊ めぐり合った人

＊ 影響を受けた人

＊ 旅行など思い出に残ること

## 70代のころのこと

＊ 趣味や打ち込んだこと

＊ めぐり合った人

＊ 影響を受けた人

＊ 旅行など思い出に残ること

## 80代のころのこと

＊ 趣味や打ち込んだこと

＊ めぐり合った人

＊ 影響を受けた人

＊ 旅行など思い出に残ること

## これまでの人生のなかで

＊ 一番、嬉しかったこと、楽しかったこと

＊ 一番、頑張ったこと

＊ 一番、つらかったこと、苦しかったこと

# 現在の「私」について

この項目は、今のあなたについてまとめるページとなっています。これまでの人生を振り返って、さらにここで趣味や嗜好・関心について客観的に見つめ直せば、これから歩んでいく人生をもっと充実させることにも繋がるはずです。

記入日　　　年　　月　　日

✼ 趣味・特技

✼ 好きな言葉・座右の銘

✼ 愛読書・好きな作家

✼ 好きな音楽・好きなアーティスト

ふだんは意識していなくても、ご自分の趣味や嗜好を改めて記してみると、ご自分を見つめ直すいい機会になるでしょう。素直な気持ちそのままに書いてみてはいかがでしょう。

✳ 現在の生活で大切にしていること

✳ 今、関心を持っていること

✳ これから欲しいと思うもの

✳ これからしてみたいこと

# 「私」の家族について

これまで人生を歩んでこられたのも、やはりご家族の存在があったからではないでしょうか。そんなご家族に対して、思い出と感謝の気持ちを綴るのがこのページです。口に出して言えない思いも、ノートに記すことで伝えられるでしょう。

記入日　　　　年　　　月　　　日

## 父について

✴名前

✴誕生日　　　　年　　　月　　　日（命日：　　　年　　　月　　　日）

✴父との思い出・父への思い

## 母について

✴名前

✴誕生日　　　　年　　　月　　　日（命日：　　　年　　　月　　　日）

✴母との思い出・母への思い

**書き方のヒント** ご家族や親類の皆さんで集まる機会があれば、懐かしい昔話をしてはいかがでしょうか。そこから、このノートにぜひ書いておきたくなるエピソードを思い出すこともあるでしょう。

## パートナーについて

❋ 名前

❋ 誕生日　　　　　　　年　　　月　　　日

❋ 結婚記念日　　　　　年　　　月　　　日

## 子どもたちについて

❋ 名前

❋ 誕生日　　　　　　　年　　　月　　　日

❋ 名前の由来


❋ 名前

❋ 誕生日　　　　　　　年　　　月　　　日

❋ 名前の由来


❋ 名前

❋ 誕生日　　　　　　　年　　　月　　　日

❋ 名前の由来

第1章　「私」について

第2章　「私の財産」について

第3章　「もしものとき」のために

第4章　伝えておきたいこと

## 兄弟姉妹について

✳ 名前・続柄

✳ 誕生日　　　　　　　　年　　　　月　　　　日

✳ 思い出や思い


✳ 名前・続柄

✳ 誕生日　　　　　　　　年　　　　月　　　　日

✳ 思い出や思い


✳ 名前・続柄

✳ 誕生日　　　　　　　　年　　　　月　　　　日

✳ 思い出や思い

# 親類について

✳ 名前・続柄

✳ 思い出や思い


✳ 名前・続柄

✳ 思い出や思い


✳ 名前・続柄

✳ 思い出や思い


✳ 名前・続柄

✳ 思い出や思い


✳ 名前・続柄

✳ 思い出や思い

第1章 「私」について

第2章 「私の財産」について

第3章 「もしものとき」のために

第4章 伝えておきたいこと

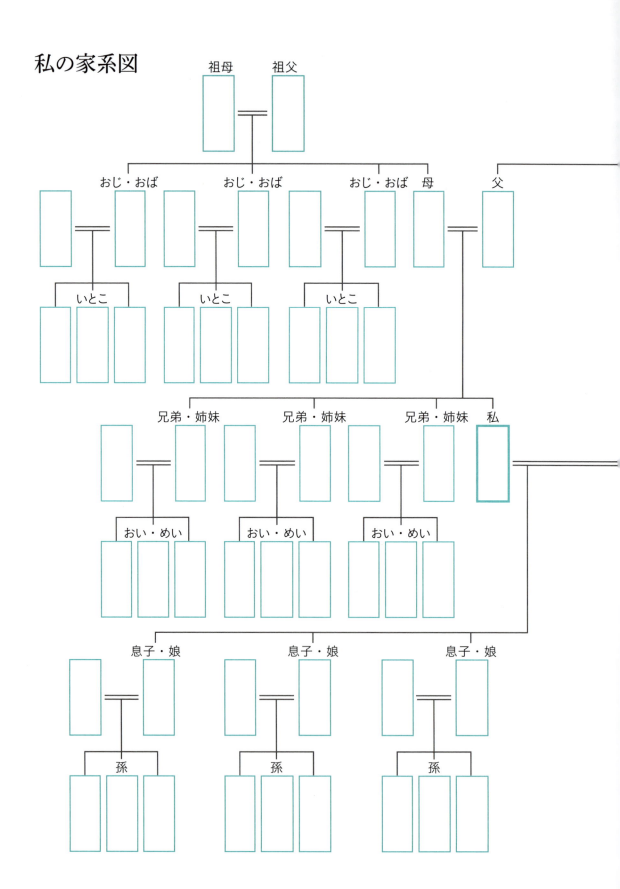

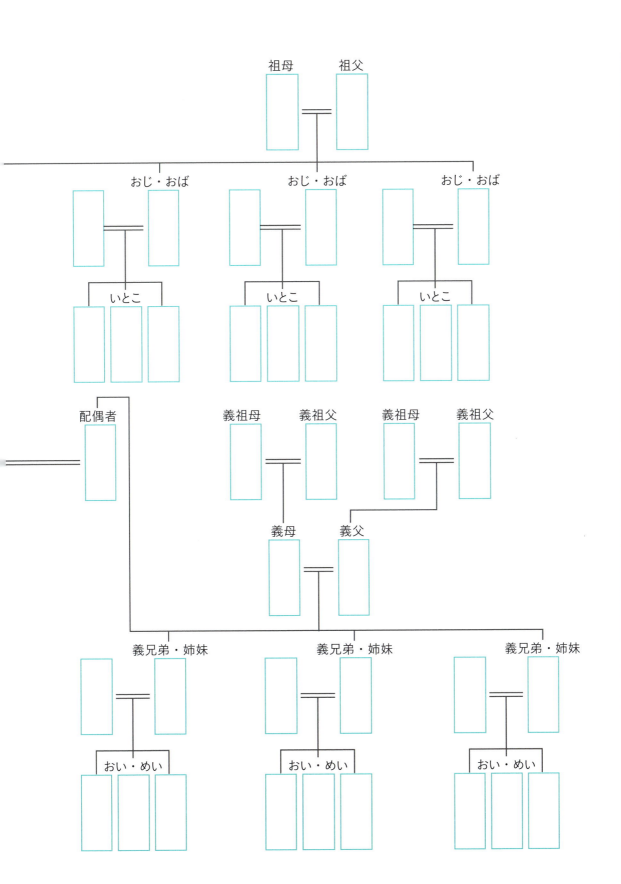

# 家族に伝えたい思い

## パートナー（　　　　　　）へ

**✻ 出会ったころの印象**

**✻ 記憶に残るできごと**

**✻ 感謝の思い**

# 子どもたちへ

（　　　　　　）へ

＊ 誕生時の思い

＊ 記憶に残るできごと

＊ 伝えておきたいこと

（　　　　　　）へ

＊ 誕生時の思い

＊ 記憶に残るできごと

＊ 伝えておきたいこと

第1章　「私」について

第2章　「私の財産」について

第3章　「もしものとき」のために

第4章　伝えておきたいこと

※記入欄が足りない場合、コピーしてお使いください。

# 「私」の友人・仲間について

気の合う仲間たちとの楽しい集いの時間は、誰にとっても貴重なものです。習い事やスポーツのサークル、またはグループでの社会貢献など、あなたの活動の記録を残しておきましょう。写真も貼っておくと、よい思い出になります。

記入日　　年　　月　　日

## 会・グループの名称

＊ 活動内容

＊ 連絡先

＊ グループの仲間

　　　　さん
　　　　さん
　　　　さん
　　　　さん
　　　　さん
　　　　さん

{ グループの仲間が写った
写真をこの欄に貼りましょう }

26　※記入欄が足りない場合、コピーしてお使いください。

**書き方のヒント**　仲間との写真を貼り、それに対応したかたちで「グループの仲間」にご友人の名前を書いておきましょう。ご家族にとっても有用なものとなるでしょう。

## 会・グループの名称

❋ 活動内容

❋ 連絡先

❋ グループの仲間　　　さん　　　さん
　　　　　さん　　　さん　　　さん

{ グループの仲間が写った写真をこの欄に貼りましょう }

## 会・グループの名称

❋ 活動内容

❋ 連絡先

❋ グループの仲間　　　さん　　　さん
　　　　　さん　　　さん　　　さん

{ グループの仲間が写った写真をこの欄に貼りましょう }

第1章　「私」について

第2章　「私の財産」について

第3章　「もしものとき」のために

第4章　伝えておきたいこと

# 「私」の健康について

ご自分の健康状態を簡潔にまとめておくことは、ご自身のみならず、ご家族にとっても大切なことです。将来、ご家族があなたの健康やお身体をサポートすることになったときには、ここでまとめられた情報は大いに役立つことでしょう。

記入日　　　年　　　月　　　日

## 健康に関する基本情報

✽ 健康保険証（後期高齢者保険証）
　保険者名称　　　　　　　記号　　　　番号

✽ 介護保険証
　番号

✽ 血液型　　　　　Rh ＋ －　　　型

✽ アレルギーの有無

## 持病や服用している薬について

| 病名 | | 発症年月 | 年　月　日 |
|---|---|---|---|
| 病院・医師名 | | 服用薬 | |
| 病名 | | 発症年月 | 年　月　日 |
| 病院・医師名 | | 服用薬 | |
| 病名 | | 発症年月 | 年　月　日 |
| 病院・医師名 | | 服用薬 | |

**書き方のヒント** 持病や服用している薬、かかりつけの病院はなるべく詳細に書いておきましょう。また、健康上で気になることを書き記すことで、それに対処する気持ちもご自身のなかで大きくなることでしょう。

# かかりつけの病院・医師について

| 病院名 | 診療科目 | 担当医師名 |
|---|---|---|
|  |  |  |

| 連絡先電話番号 | 受診内容 |
|---|---|
|  |  |

| 病院名 | 診療科目 | 担当医師名 |
|---|---|---|
|  |  |  |

| 連絡先電話番号 | 受診内容 |
|---|---|
|  |  |

| 病院名 | 診療科目 | 担当医師名 |
|---|---|---|
|  |  |  |

| 連絡先電話番号 | 受診内容 |
|---|---|
|  |  |

| 病院名 | 診療科目 | 担当医師名 |
|---|---|---|
|  |  |  |

| 連絡先電話番号 | 受診内容 |
|---|---|
|  |  |

| 病院名 | 診療科目 | 担当医師名 |
|---|---|---|
|  |  |  |

| 連絡先電話番号 | 受診内容 |
|---|---|
|  |  |

# 既往症について

| 病名 | 発症年月 | 治癒年月 |
|---|---|---|
| | 年　　　　月 | 年　　　　月 |
| 病院名 | 診療科目 | 担当医師名 |
| | | |

| 病名 | 発症年月 | 治癒年月 |
|---|---|---|
| | 年　　　　月 | 年　　　　月 |
| 病院名 | 診療科目 | 担当医師名 |
| | | |

| 病名 | 発症年月 | 治癒年月 |
|---|---|---|
| | 年　　　　月 | 年　　　　月 |
| 病院名 | 診療科目 | 担当医師名 |
| | | |

| 病名 | 発症年月 | 治癒年月 |
|---|---|---|
| | 年　　　　月 | 年　　　　月 |
| 病院名 | 診療科目 | 担当医師名 |
| | | |

# 健康上で気になること

第 **2** 章

「私の財産」について

# 預貯金

お金の問題はプライベートな内容ですので、なかなか書きにくい項目でしょうが、現在の状況を整理しておけば、今後の財産形成にもきっと役に立つはずです。さらに、万が一のとき、ご家族へ遺す財産を考えるうえでも大切です。

記入日　　　年　　　月　　　日

| 金融機関名 | 支店名 | 連絡先電話番号 |
|---|---|---|
|  |  |  |
| 預貯金の種類 | 名義人名 | 口座番号 |
|  |  |  |
| 残高 | 備考(定期預金の満期日、口座の用途など) | 届出印 |
| 円<br>(　年　月　日現在) |  |  |
| 金融機関名 | 支店名 | 連絡先電話番号 |
|  |  |  |
| 預貯金の種類 | 名義人名 | 口座番号 |
|  |  |  |
| 残高 | 備考(定期預金の満期日、口座の用途など) | 届出印 |
| 円<br>(　年　月　日現在) |  |  |
| 金融機関名 | 支店名 | 連絡先電話番号 |
|  |  |  |
| 預貯金の種類 | 名義人名 | 口座番号 |
|  |  |  |
| 残高 | 備考(定期預金の満期日、口座の用途など) | 届出印 |
| 円<br>(　年　月　日現在) |  |  |

※記入欄が足りない場合、コピーしてお使いください。

**書き方のヒント**

通帳をもとにできるだけ詳細に書いておくことが大切です。ただ、通帳や印鑑等の保管場所、暗証番号はこのノートに書かず、信頼できる人に口頭で伝えておくことをおすすめします。

| 金融機関名 | 支店名 | 連絡先電話番号 |
|---|---|---|
| 預貯金の種類 | 名義人名 | 口座番号 |
| 残高　　　　　　　円<br>（　　年　　月　　日現在） | 備考（定期預金の満期日、口座の用途など） | 届出印 |

| 金融機関名 | 支店名 | 連絡先電話番号 |
|---|---|---|
| 預貯金の種類 | 名義人名 | 口座番号 |
| 残高　　　　　　　円<br>（　　年　　月　　日現在） | 備考（定期預金の満期日、口座の用途など） | 届出印 |

| 金融機関名 | 支店名 | 連絡先電話番号 |
|---|---|---|
| 預貯金の種類 | 名義人名 | 口座番号 |
| 残高　　　　　　　円<br>（　　年　　月　　日現在） | 備考（定期預金の満期日、口座の用途など） | 届出印 |

メモ欄

# 株式・投資信託など

株式や投資信託などで財産形成をされているかたも多いでしょう。こちらも預貯金同様に、資産をしっかりと把握しておきましょう。運用状況を見つめ直し、効率を考えることで、売却すべき資産の選択も視野に入ってくるでしょう。

記入日　　　　年　　　月　　　日

| 金融機関名 | 取引店名 | 連絡先電話番号 |
|---|---|---|
|  |  |  |
| 名義人名 | 口座番号 | 評価額 |
|  |  | 円<br>（　　年　　月　　日現在） |
| 備考（銘柄ごとの株数、取得日、取得価格、金融機関の担当者など） | | |
|  |  | 届出印 |

| 金融機関名 | 取引店名 | 連絡先電話番号 |
|---|---|---|
|  |  |  |
| 名義人名 | 口座番号 | 評価額 |
|  |  | 円<br>（　　年　　月　　日現在） |
| 備考（銘柄ごとの株数、取得日、取得価格、金融機関の担当者など） | | |
|  |  | 届出印 |

※記入欄が足りない場合、コピーしてお使いください。

**書き方のヒント**　基本的な情報に加えて、備考欄には運用状況もまとめておきましょう。また、証書や印鑑等の保管場所はここに書かずに、信頼できる人に口頭で伝えておくことをおすすめします。

| 金融機関名 | 取引店名 | 連絡先電話番号 |
|---|---|---|
|  |  |  |
| 名義人名 | 口座番号 | 評価額 |
|  |  | 円<br>（　　年　　月　　日現在） |
| 備考（銘柄ごとの株数、取得日、取得価格、金融機関の担当者など） |||
|  || 届出印 |

## 名義人が亡くなったらどうなる？①　〈あなた向け〉〈ご家族向け〉

　あなたの預貯金、株式、投資信託、貸金庫などの金融資産や貴金属・宝石等を保管してある場所などは、すべてこのノートに記録しておきましょう。名義人が亡くなったとき、どのような取引があったのかがわからないと、残されたご家族は困ってしまいます。万が一のことがあっても記録として残しておけば安心です。

### ◉預貯金口座の場合

　金融機関は、口座名義人の死亡を知った時点で預貯金口座を封鎖するので、後日、葬儀費用などを引き出そうとしてもできなかったという話をよく聞きます。封鎖を解除させるには、金融機関所定の用紙、名義人の出生から死亡までの連続した戸籍謄本、相続人全員の戸籍謄本、相続人全員の印鑑証明書、遺産分割協議書などの必要書類（遺言書の有無や相続の内容のほか、金融機関によって多少異なります）を金融機関に提出します。

　ただし、金融機関から預貯金を引き出せる仮払い制度を使えば、遺産分割終了前でも一定額の払い戻しを受けられます。

### ◉株式・投資信託などの場合

　預貯金口座同様に、証券会社などの取り扱い機関に名義人の死亡が確認された時点で取引できなくなります。戸籍謄本、遺産分割協議書などの必要書類を提出して相続手続きをし、名義変更、相続人への移管（口座を移すこと）、売却などを行います。

# そのほかの資産

ゴルフ会員権、美術品や骨董品、貴金属やきもの、そして自動車などは、あなたが築いた重要な財産です。とくに資産価値が高いものは遺産相続の際に重要になりますから、ご自身で保有されているものを忘れずにまとめておきましょう。

記入日　　　年　　　月　　　日

## 会員権など

| 品目 | 取扱会社 | 名義人名 |
|---|---|---|
|  |  |  |

| 購入日 | 購入金額 | 評価額 |
|---|---|---|
| 年　月　日 | 円 | （　年　月　日現在）　円 |

| 備考 | | 届出印 |
|---|---|---|
|  |  |  |

| 品目 | 取扱会社 | 名義人名 |
|---|---|---|
|  |  |  |

| 購入日 | 購入金額 | 評価額 |
|---|---|---|
| 年　月　日 | 円 | （　年　月　日現在）　円 |

| 備考 | | 届出印 |
|---|---|---|
|  |  |  |

## 貸金庫など

| 契約会社 | 保管場所 | 連絡先電話番号 |
|---|---|---|
|  |  |  |

| 備考：預けているもの、契約期間など |
|---|
|  |

| 契約会社 | 保管場所 | 連絡先電話番号 |
|---|---|---|
|  |  |  |

| 備考：預けているもの、契約期間など |
|---|
|  |

※記入欄が足りない場合、コピーしてお使いください。

貸金庫やレンタルスペースなどを利用されている場合には、利用している会社名や保管場所を明らかにするとともに、何を預けているかも忘れずに書いておきましょう。

## 美術品・貴金属など

| 品目 | 保管場所 |
|---|---|
|  |  |
| 備考（購入日、業者など） ||

| 品目 | 保管場所 |
|---|---|
|  |  |
| 備考（購入日、業者など） ||

| 品目 | 保管場所 |
|---|---|
|  |  |
| 備考（購入日、業者など） ||

| 品目 | 保管場所 |
|---|---|
|  |  |
| 備考（購入日、業者など） ||

| 品目 | 保管場所 |
|---|---|
|  |  |
| 備考（購入日、業者など） ||

### 名義人が亡くなったらどうなる？②　　あなた向け　ご家族向け

●**会員権などの場合**
　ゴルフ会員権などは、相続人への名義書き換えをする場合でもゴルフ場所定の入会条件を満たしているかの確認が必要になります。また名義変更料、年会費の支払いが発生するので注意が必要です。なお預託金がある場合は、その金額と償還日を記録しておきましょう。

●**貸金庫の場合**
　基本的に相続人全員の同意がないと解錠できません。預貯金口座同様の必要書類を提出しますが、相続手続きが済むまでは保管してあるものを受け取れない場合があります。銀行によっては契約者以外に親族を登録できるところもあるので、ご家族とよく相談してから貸金庫を契約するといいでしょう。

# 住居・不動産

資産のなかで大きな割合を占める不動産。名義人やその所有割合を明らかにしておくことは、ご自身のためにもご家族のためにも大切です。また、意外と忘れてしまいがちな抵当権抹消の手続きについてまとめたコラムもご参照ください。

記入日　　年　　月　　日

## 自宅について

| 所在地（地番） |||
|---|---|---|
| 住居表示 |||
| 土地の名義人 |||
| ％ | ％ | ％ |
| 建物の名義人 |||
| ％ | ％ | ％ |
| 土地の抵当権の有無と設定額 || 建物の抵当権の有無と設定額 |
| 土地の面積 || 建物の建坪 |
| 完済日（予定日） || その他（土地・建物の状況など） |
| 　年　月　日 |||

メモ欄

※記入欄が足りない場合、コピーしてお使いください。

**書き方のヒント**　遺産相続の際に目安となるので、所有する土地の評価額をメモ欄にまとめておくとよいでしょう。国土交通省のホームページ「不動産情報ライブラリ」などが参考になります。

## その他の不動産について
〈土地・建物〉（該当するものに○を）

| 所在地（地番） |||
|---|---|---|
| 住居表示 |||
| 名義人 |||
| ％ | ％ | ％ |
| 抵当権の有無と設定額 || 面積 |
|  ||  |
| 完済日（予定日） | その他（土地・建物の状況など） ||
| 年　　月　　日 |  ||

メモ欄

### 抵当権抹消の手続きについて　　あなた向け　ご家族向け

　住宅ローンで不動産を購入する際の借金の担保として、金融機関から抵当権設定登記を求められます（費用は借り主が負担）。この抵当権はローンを返済し終えても自動的に抹消されず、自らが抵当権抹消登記をしなければなりません。物件売却時や新たに住宅ローンを組む際に抹消を求められるので、早めに手続きをしておきましょう。自分で登記手続きをするなら費用は登録免許税のみですが、金融機関から預かる「登記原因証明情報（「解除証書」「弁済証書」ともいいます）」など複数の書類が必要です。司法書士へ依頼すると確実です。

# 生命保険・損害保険

ご家族のことを思い、いざというときのために加入している保険も大きな財産です。契約内容や払込金額を確認し、現在のご自身の生活状況と照らし合わせることで、本当に必要なもの・不必要なものも見えてくるでしょう。

記入日　　　年　　月　　日

## 生命保険・損害保険

| 保険の種類・名称 | 保険会社名 | 連絡先電話番号 |
|---|---|---|
|  |  |  |
| 証券番号 | 契約者名 | 被保険者名 |
|  |  |  |
| 保険金受取人 | 満期日 | 死亡保険金額 |
|  | 年　　月　　日 | 円 |
| 備考：払込金額、払込終了日、特約など | | 届出印 |
|  |  |  |

| 保険の種類・名称 | 保険会社名 | 連絡先電話番号 |
|---|---|---|
|  |  |  |
| 証券番号 | 契約者名 | 被保険者名 |
|  |  |  |
| 保険金受取人 | 満期日 | 死亡保険金額 |
|  | 年　　月　　日 | 円 |
| 備考：払込金額、払込終了日、特約など | | 届出印 |
|  |  |  |

※記入欄が足りない場合、コピーしてお使いください。

**書き方のヒント**　保険証券を確認しながらできるだけ詳細に記入しましょう。また、ご家族を保険金受取人にしている契約に関しては、その内容とともに保険証券の保管場所もこのノートに記しましょう。

| 保険の種類・名称 | 保険会社名 | 連絡先電話番号 |
|---|---|---|
|  |  |  |
| 証券番号 | 契約者名 | 被保険者名 |
|  |  |  |
| 保険金受取人 | 満期日 | 死亡保険金額 |
|  | 年　　月　　日 | 円 |
| 備考：払込金額、払込終了日、特約など || 届出印 |
|  ||  |

## 個人年金

| 保険の種類・名称 | 保険会社名 | 連絡先電話番号 |
|---|---|---|
|  |  |  |
| 証券番号 | 契約者名 | 被保険者名 |
|  |  |  |
| 保険金受取人 | 払込終了年月 | 年金開始日と年額 |
|  | 年　　月 | 年　　月　　円 |
| 備考：年金受取期間、特約など || 届出印 |
|  ||  |

保険証券の保管場所

# 年金

「厚生年金基金・企業年金など」の欄には、厚生年金基金、確定給付企業年金、確定拠出年金、国民年金基金への加入内容をお書きください。これから受給資格を得るかたは、右ページの手続きをまとめたコラムもご参照ください。

記入日　　　年　　　月　　　日

## 公的年金

| 私の年金の種類 ||
|---|---|
| 国民年金　厚生年金　共済年金（　　　　　） ||
| 基礎年金番号 | 最寄りの社会保険事務所 |
|  | tel |

## 厚生年金基金・企業年金など

| 年金の名称 | 連絡先 |
|---|---|
|  | tel |
| 備考：加入者番号、年金の内容など ||
|  ||

| 年金の名称 | 連絡先 |
|---|---|
|  | tel |
| 備考：加入者番号、年金の内容など ||
|  ||

## 年金支払口座・受取口座

|  | 金融機関名 | 支店名 | 口座番号 |
|---|---|---|---|
| 支払 |  |  |  |
| 受取 |  |  |  |

## 公的年金を受給するためには

あなた向け　ご家族向け

　年金は受給資格を得たとき、自動的に支給が始まるわけではありません。自分で年金を受け取るための手続き（年金請求）を行う必要があります。

### ◉年金請求書の事前送付

　65歳で特別支給の老齢厚生年金を受け取る権利が発生する人には、誕生日の3か月前に、基礎年金番号、氏名、生年月日、性別、住所および年金加入記録をあらかじめ印字した「年金請求書（事前送付用）」と「年金を請求されるみなさまへ」というリーフレットが日本年金機構から送付されてきます（ただし減額はありますが、60歳から受け取れる繰上げ受給の制度もあります）。65歳で年金を受け取るために必要な加入期間はあるものの、厚生年金加入期間が1年未満などの理由により65歳で受給権が発生する人には、年金請求書ではなく「年金に関するお知らせ（ハガキ）老齢年金のご案内」が送付されます。65歳になる3か月前に前記同様の「年金請求書（事前送付用）」が送付されてきます。

### ◉年金請求書の提出

　年金の受付は65歳になってからです。以下の書類を用意して年金事務所へ提出します。
●年金請求書……年金事務所、街角の年金相談センターの窓口にも備え付けてあります（受給の種類によって様式が異なるので注意しましょう）。　●戸籍謄本、戸籍抄本、戸籍の記載事項証明書、住民票、住民票の記載事項証明書のいずれかで、年金請求書提出日から6か月以内の原本（必要ない場合もあるので事前に問い合わせましょう）。●受取先金融機関の通帳（本人名義）

　これら以外にも条件によって必要な書類が異なるので、年金事務所で確認しましょう。

## 遺族年金を受給できる場合

あなた向け　ご家族向け

### ◉厚生年金加入者

　厚生年金に加入中の人が亡くなった場合、その被保険者によって生計を維持していた遺族（配偶者または子など）は、遺族厚生年金を受け取ることができます。「※18歳に到達した年度の末日までの間にある子」などの受給条件を満たす子どもがいる場合は、遺族基礎年金も併せて支給されます。またこの受給条件を満たす子どもがいなくても、40歳から65歳になるまでの間、中高齢寡婦加算が給付される場合があります。すでに老齢厚生年金を受給している人が亡くなった場合も、配偶者は遺族厚生年金を受け取ることができます。

### ◉国民年金加入者

　国民年金に加入している人が亡くなった場合、その被保険者によって生計を維持していた「18歳に到達した年度の末日までの間にある子ども（障害者は20歳）のいる配偶者」または「子」に遺族基礎年金が支給されます。この受給条件を満たさなくても、一定の条件を満たせば、寡婦年金か死亡一時金のどちらかが支給されます。

※18歳未満。18歳になった年の次に来る3月31日まで受給可能。

# ローンと負債

ローンや負債のいわゆる「マイナスの財産」も相続の対象となりますので、ご家族のためにも、その内容や残額をしっかり把握しておく必要があります。また、他の人の保証人になっている場合はメモ欄にその旨を記しておきましょう。

記入日　　年　　月　　日

| 借入先 | 借入先の住所・連絡先 ||
|---|---|---|
|  | tel ||
| 借入内容 | 借入金額 | 借入日 |
|  | 円 | 年　月　日 |
| 担保・保証人 | 完済予定日 | 借入残高 |
| 有（　　　　）<br>無 | 年　月　日 | 円<br>（　年　月　日現在） |

| 借入先 | 借入先の住所・連絡先 ||
|---|---|---|
|  | tel ||
| 借入内容 | 借入金額 | 借入日 |
|  | 円 | 年　月　日 |
| 担保・保証人 | 完済予定日 | 借入残高 |
| 有（　　　　）<br>無 | 年　月　日 | 円<br>（　年　月　日現在） |

メモ欄

**書き方のヒント**

遺産相続するご家族が判断に迷わないようにするためにも、詳細を書いておくことをおすすめします。保証人をお願いしているかたがいれば、そのかたのお名前も書いておきましょう。

| 借入先 | 借入先の住所・連絡先 ||
|---|---|---|
| | tel ||
| 借入内容 | 借入金額 | 借入日 |
| | 円 | 年　月　日 |
| 担保・保証人 | 完済予定日 | 借入残高 |
| 有（　　　　　）<br>無 | 年　月　日 | 　　　　　　　円<br>（　年　月　日現在） |

| 借入先 | 借入先の住所・連絡先 ||
|---|---|---|
| | tel ||
| 借入内容 | 借入金額 | 借入日 |
| | 円 | 年　月　日 |
| 担保・保証人 | 完済予定日 | 借入残高 |
| 有（　　　　　）<br>無 | 年　月　日 | 　　　　　　　円<br>（　年　月　日現在） |

## 負債が多ければ相続放棄の選択も　　あなた向け　ご家族向け

　財産には、不動産や金融資産などのプラスの財産と借金などの負債によるマイナスの財産があります。プラスの財産が多い場合は、被相続人の権利義務をすべて相続する単純承認を選択しますが、負債などのマイナスの財産が多い場合や、家業の経営安定などのために後継者以外が相続を辞退する場合などは、相続放棄を選択することができます。

　また、プラスの財産とマイナスの財産のどちらが多いかわからない場合は、限定承認（プラスの財産の範囲内でマイナスの財産を引き継ぐこと）を選択することができます。相続放棄と限定承認は、相続人であることを知った日から3か月以内に家庭裁判所に申述しなければなりません。限定承認の申述は、相続人全員で行わなければなりません。期間内に相続放棄または限定承認を選択しなかった場合には、単純承認したものとみなされます。

# クレジットカード

| カード名 | 会員番号 | 有効期限 |
|---|---|---|
| | | |

| 年会費の有無 | カード会社と連絡先 | |
|---|---|---|
| 有（　　　　　　）円<br>無 | | tel |

| カード名 | 会員番号 | 有効期限 |
|---|---|---|
| | | |

| 年会費の有無 | カード会社と連絡先 | |
|---|---|---|
| 有（　　　　　　）円<br>無 | | tel |

| カード名 | 会員番号 | 有効期限 |
|---|---|---|
| | | |

| 年会費の有無 | カード会社と連絡先 | |
|---|---|---|
| 有（　　　　　　）円<br>無 | | tel |

| カード名 | 会員番号 | 有効期限 |
|---|---|---|
| | | |

| 年会費の有無 | カード会社と連絡先 | |
|---|---|---|
| 有（　　　　　　）円<br>無 | | tel |

メモ欄

# 第3章

## 「もしものとき」のために

# 介護について

いつも健康に留意し元気に生活していても、どなたにとっても介護が必要となる可能性は否定できません。あまり想像したくはありませんが、今のうちからご自分の考えや希望をまとめておくことは、ご家族のためにもなるのです。

記入日　　　年　　月　　日

## 介護をお願いしたい人

☐ 配偶者にお願いしたい
☐ 子ども（名前　　　　　　　　　　）にお願いしたい
☐ プロの介護士にお願いしたい
☐ とくに希望はないので家族の判断に任せる
☐ その他

## 介護してほしい場所

☐ 自宅で介護してほしい
☐ 子ども（名前　　　　　　　　　　）宅で介護してほしい
☐ 病院や施設で介護してほしい
　　希望の病院・施設
☐ とくに希望はないので家族の判断に任せる
☐ その他

## 介護費用について

☐ 私の年金や貯金を費用に充ててほしい

書き方のヒント 介護が必要になったときの希望、費用などについてご自身の考えをおまとめください。また、認知症により正しい判断が難しくなったとき、財産管理を任せるかたもお考えください。

☐ 加入している保険を使ってほしい

　　保険会社　　　　　　　　　　連絡先

☐ 家族の判断に任せる
☐ その他

## 介護が必要になったときの希望

## 認知症になったときの財産管理について

☐ 配偶者に任せる
☐ 子ども（名前　　　　　　　　　　）に任せる
☐ 後見人に任せる（50ページに記入）
☐ その他

## サポートをお願いできる人

|  | 名前 | 住所・連絡先 |
|---|---|---|
| 弁護士 |  | tel |
| 税理士 |  | tel |
| その他 |  | tel |

# 任意後見人

※認知症になると、事前に準備をしておかない場合、「法定後見制度」が適用されます（下記コラム「成年後見制度とは？」参照）。この制度は、本人の意思であらかじめ候補者を選任しておくことはできないため、①知らない人が選任されることが多い、②本人が正常時に考えていたとおりの管理をしてもらえないことがある、③選任まで時間がかかる、などのデメリットがあります。このため、元気なうちに将来の認知症に備えて、信頼できる人と「任意後見人」の契約書を公証役場で作成し、締結しておくといいでしょう。

| 名前 | 住所・連絡先 |
|---|---|
|  | tel |
| 公証役場 | 住所・連絡先 |
|  | tel |
| 後見内容： | |

# 任意代理人

※不慮の事故などで体が不自由になっても、意思能力に問題がなければ、後見人を選任することはできません。ただし本人の代わりに銀行などへ行ってもらうために選任するのが、この制度です。

| 名前 | 住所・連絡先 |
|---|---|
|  | tel |
| 委任契約をお願いした事柄： | |

## 成年後見制度とは？

あなた向け　ご家族向け

　　成年後見制度とは、精神上の障害（知的障害・精神障害・認知症など）により、判断力が十分でない人が財産や権利で不利益を被らないように、家庭裁判所に申し立てを行い、援助する人をつけてもらう制度です。「法定後見制度」と「任意後見制度」があります。

**法定後見制度**　すでに精神上の障害によって十分な判断力がない人のために、本人・配偶者・四親等内の親族・検察官・市町村長などが家庭裁判所に申し立てをし、家庭裁判所がその人の判断力の有無や程度を考慮して、補助人、保佐人、成年後見人を選任します。選任された人は、本人の支援をして財産管理などを行います。

**任意後見制度**　本人に必要な判断力があるうちに、将来自分の判断力が不十分になったときのために、後見事務の内容と任意後見人を、契約によって決めておく制度です（公正証書を作成）。判断能力を失ったら、任意後見契約によって決めておいた財産管理などの事務を、家庭裁判所が選任した任意後見監督人のもと、任意後見人が行います。

# 公的介護保険の利用方法と手続き

あなた向け ご家族向け

　公的介護保険制度は、高齢化社会に対応し、要介護者を社会全体で支える仕組みとして2000年4月から導入されました。40歳以上の人全員が介護保険加入者（被保険者）となって保険料を負担し、市区町村が運営主体となっています。原則として、要介護・要支援状態にある65歳以上の人と、健康保険に加入し、特定疾病をもつ40歳以上65歳未満の人は1割負担で介護サービスを受けられます。

## ●手続きの流れ

### ①申請

　介護が必要になったら、原則本人もしくは家族が市区町村などの介護保険窓口にある「介護認定申請書」に記入し、介護保険証を添えて申請します。ケアマネジャー（介護支援専門員）に申請の代行を頼むこともできます（医師は申請の代行はできません）。

### ②訪問調査に基づいた一次判定

　市区町村の委託した保健師やケアマネジャーなどの認定調査員が、申請を行った人の自宅や施設を訪問して、本人の心身の状況の調査を行います。判定は、全国一律のコンピュータで行われます。

### ③主治医意見書

　市区町村などの保険者が、申請者の主治医などに、心身の状態についての意見書の作成を依頼します。

### ④介護認定審査会による二次判定

　認定調査と主治医の意見書をもとに、介護認定審査会で介護サービスの必要程度を審査し、要介護度を判定します。

### ⑤結果の通知

　審査会の判定に基づいて、「自立（非該当）」「要支援1、2」「要介護1～5」の認定が行われ、「被保険者証」に記入され本人に通知されます。結果に異議がある場合は、認定を知った日の翌日から3か月以内に介護保険審査会に申し立てすることができます。

### ⑥介護計画の作成

　認定結果をもとに、各種サービスを組み合わせた「介護サービス計画書（ケアプラン）」を作成します。これは利用者の心身の状況に応じて、サービスの種類と回数、組み合わせを考えることです。ケアマネジャーが状況を把握して作成します。

### ⑦介護サービスの開始

　介護計画に基づいて、介護サービスが開始されます。

### ⑧更新申請手続き

　要介護、要支援の認定は、有効期間満了前に更新手続きが必要になります。認定の有効期間は3か月から48か月（市町村によっては24か月）の範囲内で、被保険者証に記載されています。

## 公的介護保険で受けられるサービス    あなた向け  ご家族向け

　公的介護保険の給付は、要介護・要支援認定を受けた利用者が、原則1割の利用料を支払うことで「サービスの提供（現物支給）」による介護サービスを受けることです。サービスは利用上限額の範囲内で自由に選べますが、超過分は全額自己負担となります。

　介護サービスには、大きく分けると「要介護1〜5」の認定を受けた人が利用できる「介護給付サービス」と「要介護1〜5」と「要支援1、2」の認定を受けた人が利用できる「介護予防サービス」があります。

### ●自宅で受けるサービス

　介護利用者の自宅に医師、ヘルパーなど専門家が訪れ、適切なサービスを行います。

- **訪問介護**……ホームヘルパーなどが家庭を訪問して、排泄・入浴などの身体介助や、調理・洗濯などの生活援助を行います。

- **訪問入浴介護**……浴槽を備えた巡回車両などが家庭を訪問し、家庭で入浴サービスを行います。

- **訪問看護**……病状が安定している被介護者を、医師の指示のもとに看護師や保健師が訪問し、療養上の手助けや診療の補助などを行います。

- **訪問リハビリテーション**……病状が安定している被介護者を、医師の指示のもとに理学療法士や作業療法士、言語聴覚士などが訪問し、リハビリの世話や指導を行います。

- **居宅療養管理指導**……医師、歯科医師、薬剤師などが家庭を訪問し、療養上の指導や管理、ケアプランの作成に必要な情報提供などを行います。

### ●施設などを利用して受けるサービス

　利用者が特定の施設などに行き支援を受けます（施設側から送迎車がくることも）。

- **通所介護（デイサービス）**……デイサービスセンターなどに行き、生活指導、日常生活訓練、健康チェック、入浴、機能訓練などを日帰りで受けます。

- **通所リハビリテーション（デイケア）**……老人保健施設や病院・診療所などに通い、理学療法士や作業療法士、言語聴覚士などから機能訓練などを日帰りで受けます。

- **短期入所生活介護（福祉施設でのショートステイ）**……家庭での介護者が病気などでいっとき介護できない場合に、特別養護老人ホームなどに短期入所して、日常生活の介護や看護、機能訓練などを受けます。

- **短期入所療養介護（医療施設でのショートステイ）**……介護老人保健施設、病院・診療所の療養病床などに短期入所し、医学的管理のもとに日常生活の介護や看護、機能訓練などを受けます。

- **小規模多機能型居宅介護**……馴染んだスタッフや環境下で、通所サービスを中心に訪問サービスや宿泊のサービスなどを組み合わせて受けます。

- **認知症対応型共同生活介護**……認知症高齢者のグループホームで、認知症のための介護

を必要とする人が5～9人で共同生活を送りながら、日常生活の介護や機能訓練などを受けます。

■ **特定施設入居者生活介護**……有料老人ホームやケアハウス、サービス付き高齢者向け住宅などで行われる介護も、公的介護保険の在宅サービスとして給付を受けられます。

### ◉介護環境を整えるサービス

自宅で介護する際に必要になってくる専用器具などのレンタルや、購入資金援助などをしてくれます。

■ **福祉用具の貸与**……車椅子や特殊寝台、リフト、歩行支援具など、自立を支援するための福祉用具のレンタル。

■ **福祉用具購入費・住宅改修費の支給**……レンタルに向かない入浴や排泄のための用具の購入費が、年度ごとに10万円を限度に支給されます（うち自己負担は1割）。また、段差の解消や手すりの取り付けなど、小規模の住宅改修の費用が、原則1回限り上限20万円まで支給されます（うち自己負担は1割）。

■ **介護サービス計画書（ケアプラン）の作成**……ケアマネジャー（介護支援専門員）が、本人や家族と相談しながらケアプランを作成したり、介護サービス提供機関との連絡調整などを行ったりします。

### ◉施設介護サービスの種類

公的介護保険の施設サービスは、介護保険で定められた3種類の施設に入所して受けます。なお、要介護度で要支援1、2と認定された人は、施設サービスの利用はできますが、民間施設（有料老人ホーム）のみになります。基本的には、誰でも利用可能な在宅サービスのみになります。

■ **介護老人福祉施設（特別養護老人ホーム）**……日常的に介護が必要で、在宅での生活が困難な人が日常生活上必要な介護・機能訓練・療養上の世話を受けるための施設です。介護老人福祉施設への入所は希望者が多いため、在宅介護が難しい人ほど優先される傾向があり、要介護度が高くても希望通りの時期になかなか入所できないこともあります。

■ **介護老人保健施設**……病気や怪我などの症状が安定した人が、積極的治療よりも看護や介護、リハビリを中心とした医療ケアと生活サービスを受けるための施設です。なお、介護医療院が保健施設に転換した「介護療養型老人保健施設」があり、これは介護老人保健施設よりも看護師の配置などが手厚く、より医療行為を必要とする人向けの施設となっています。

■ **介護医療院**……病気などの急性期の治療が済み、長期療養が必要な人が入所する医療施設です。

# 尊厳死と延命について

「死」について考えるのは、誰にとっても避けたい問題です。ただ、どのように最期を迎えたいかを考えておくことは、ご家族の決断にも大きく影響するでしょう。また、臓器提供や献体の希望があれば、このページでその旨を綴りましょう。

記入日 　　　　年　　　　月　　　　日

## 病名と余命の告知について

☐ 病名も余命も告知してほしい

☐ 病名のみ告知してほしい

☐ どちらも告知してほしくない

☐ 判断は家族に任せる

☐ その他

各回答の理由

## 延命措置について

☐ できる限りの延命措置をしてほしい

☐ 苦痛を和らげる緩和医療をしてほしい

☐ 回復不能であれば延命措置はしないでほしい

☐ 尊厳死を希望している

☐ リビング・ウイル（56ページ参照）を作成している

書類保管場所

各回答の理由

**書き方のヒント** 延命措置や臓器提供、献体などは非常にデリケートな問題です。ご自身が希望を表明するだけでなく、その旨をご家族にも伝え、十分に話し合って理解を得ておくことが必要となります。

## 臓器提供について

☐ 死後に臓器提供を希望する
☐ 臓器提供の意思をマイナンバーカードや運転免許証に記入している
　　保管場所
☐ 臓器提供の意思をインターネットで登録している
　　ID番号
☐ 臓器提供意思表示カードを持っている
　　カード保管場所
☐ 臓器提供は希望しない

　　各回答の理由


## 献体について

☐ 死後に献体を希望する
☐ 献体することを登録している
　　登録先　　　　　　　　　　　　　　　　　tel
☐ 献体は希望しない

　　各回答の理由

55

## 尊厳死を希望する場合

あなた向け　ご家族向け

### ●日本尊厳死協会について

　公益財団法人 日本尊厳死協会によると、尊厳死とは「傷病により『不治かつ末期』になったときに、自分の意思で、死にゆく過程を引き延ばすだけに過ぎない延命措置をやめてもらい、人間としての尊厳を保ちながら死を迎えること」とされています。

　医師は患者のために、必死に延命治療を施しますが、不治の病で末期の症状になっている場合、いたずらに死期を延ばすだけの医療をせず、麻薬などの適切な使用で痛みを緩和させてほしいこと、また植物状態になったら生命維持装置を使わないことなどを宣言し、文書（尊厳死の宣言書／リビング・ウイル）としてあらかじめ用意しておくものです。

　入会希望者は、所定の会費（正会員年会費／個人2000円、終身会員〈入会時〉／個人7万円）を支払い、この書面に署名して協会に登録します。登録手続きが完了すると、会員証と原本証明付きのリビング・ウイルのコピーが2通届くので、1通をご自身が、もう1通をご家族が保存し、尊厳死を選択する事態になった際にこのコピーを医師に提示します。万が一、医師の了解が得られない場合は、協会が医師の理解を得られるように協力してくれます。

### ●リビング・ウイルの要旨

①私の傷病が、現代の医学では不治の状態であり、既に死が迫っていると診断された場合は、ただ単に死期を引き延ばすためだけの延命措置はお断りいたします。

②ただしこの場合、私の苦痛を和らげるためには、麻薬などの適切な使用により十分な緩和医療を行ってください。

③私が回復不能な遷延性意識障害（持続的植物状態）に陥ったときは生命維持装置を取りやめてください。

　以上、私の宣言による要望を忠実に果たしてくださった方々に深く感謝申し上げるとともに、その方々が私の要望に従ってくださった行為一切の責任は私自身にあります。

**尊厳死に関する詳細は「公益財団法人 日本尊厳死協会」へ**

ホームページ：https://songenshi-kyokai.or.jp
メール：ホームページ内のお問い合わせメールフォームへ

### ●安楽死との違い

　安楽死とは、助かる見込みがなく「耐えがたい苦痛」を伴う疾患の患者が、自発的に医師に要請し、医師の積極的あるいは消極的な医療行為によって、死に至ることをいうので、尊厳死とは異なることを理解しましょう。公益財団法人 日本尊厳死協会は、日本社会に安楽死を認める素地はないという判断から、安楽死を認めていません。安楽死には、医師が殺人罪に問われないために裁判の判例で6つの要件が指摘されています。

# 臓器提供と献体について

**あなた向け** **ご家族向け**

## ●臓器提供を希望する場合

臓器提供は、心停止後もしくは脳死後に行うことができます。1997年の臓器移植法では、本人の意思が不明な場合と15歳未満の人の脳死臓器提供はできませんでしたが、2010年7月17日より改正臓器移植法が全面施行されたことで、本人の臓器提供の意思が不明でも、家族の承諾があれば臓器提供できるようになりました。また、15歳未満の人からも脳死後の臓器提供が可能になりました。

脳死後に提供できる臓器は、心臓・肺・肝臓・腎臓・膵臓・小腸・（眼球）で、心停止後に提供できる臓器は、腎臓・膵臓・眼球です。

臓器提供を意思表示する方法は、①マイナンバーカード、②運転免許証にある意思表示欄への記入、③インターネットによる意思登録、④意思表示カードへの記入、があります。

**臓器提供に関する詳細は「公益社団法人 日本臓器移植ネットワーク」へ**

ホームページ：https://www.jotnw.or.jp/

メール：ホームページ内のお問い合わせメールフォームへ

※献眼は、各都道府県にある最寄りのアイバンクへ電話をして眼球提供登録をします。親族優先提供もできますが、相方がドナー（提供者）とレシピエント（待機患者）として登録されている必要があります。

**献眼提供に関する詳細は「公益財団法人 日本アイバンク協会」へ**

ホームページ：https://j-eyebank.or.jp

メール：ホームページ内のお問い合わせメールフォームへ

## ●献体を希望する場合

献体とは、死後に自分の遺体を解剖学の実習教材とするために提供することで、その目的は医学・歯学などの発展や研究に役立て、優れた医師・歯科医師を社会に送り出すことにあります。

無条件・無報酬で、生前に自身が献体したい大学やこれに関連した団体に登録しておき、亡くなった際に遺族や関係者が遺志にしたがって献体先に遺体を提供します。献体の登録は、献体先の団体や大学に請求すれば申請書を送付してもらえますが、登録をしても肉親（配偶者・親・子・兄弟姉妹など）に一人でも反対者がいると献体は実行されないので、あらかじめ肉親の同意を得るようにしておきましょう。

献体は、通常の葬儀が終わった後に実行されます。出棺後に火葬場ではなく献体先に運ばれるという違いがあるだけですが、遺骨が遺族の元に戻るには1～2年、長い場合には3年以上かかることがあります。なお、移送費と火葬費は献体先が負担します。

**献体に関する詳細は「公益財団法人 日本篤志献体協会」へ**

ホームページ：http://www.kentai.or.jp/

メール：info@kentai.or.jp

---

第1章 「私」について

第2章 「私の財産」について

第3章 「もしものとき」のために

第4章 伝えておきたいこと

# 葬儀について

元気なうちから、ご自身の葬儀について考えるかたが増えています。葬儀のスタイルや規模・予算、会場で使ってほしい音楽や花など、希望があればまとめておくとよいでしょう。ご家族もあなたのご希望に沿った式を行ってくれるでしょう。

記入日　　年　　月　　日

## 葬儀の実施について

☐ 葬儀をしてほしい
☐ 生前予約・生前契約をしている
☐ 互助会に加入している
☐ 葬儀はしなくてよい
　（理由）

## 生前予約・生前契約をしている場合

| 会社名 | 住所・連絡先 ||
|---|---|---|
|  | tel ||
| 担当者 | 費用 | 支払方法 |
|  |  |  |
| 契約内容： |||

## 互助会に加入している場合

| 会社名 | 住所・連絡先 |
|---|---|
|  | tel |
| 担当者 | 契約内容： |
|  |  |

**書き方のヒント** それぞれ希望するものをチェックしてください。また、64ページからの連絡先の備考欄には、危篤や葬儀など、どの時点で連絡してほしいかを明記しておくと、ご家族の参考になります。

## 葬儀の規模・内容について

☐ 一般的な通夜と告別式を行ってほしい
☐ 家族、親族、親しい人のみで行ってほしい
☐ 祭壇は飾らず、火葬のみ行ってほしい
☐ 規模や内容については家族に任せる
☐ その他

## 葬儀の予算について

☐ 一般的な費用をかける葬儀にしてほしい
☐ 私が用意している費用で、なるべく盛大にしてほしい
☐ なるべく費用をかけない葬儀にしてほしい
☐ 予算については家族に任せる
☐ その他

### 意思を生かせる生前予約と生前契約　[あなた向け] [ご家族向け]

　生前予約とは、葬祭業者とあらかじめ自身の葬儀内容についての契約を結んでおくことで、「自分の考えた葬儀をしてもらいたい」「遺族に過大な負担をかけたくない」など、意思を反映させた葬儀を行えます。時間が経つにつれ自分の考え方が変わったり、新しいスタイルの葬儀が提案されたりするので、業者を選ぶときは、内容変更が何度でも可能で、解約も自由にできる規定のあるところを選びたいものです。また、費用の総額は決めますが、よほど自分が納得した場合を除き、先払いを求める業者は避けるようにしましょう。

　生前契約とは、ひとり暮らしの人や、身寄りがいても負担をかけたくない人などが、人生の終焉の前後にまつわる葬儀や財産管理、遺品の整理など、多岐にわたって受託者と契約するものです。孤独死や無縁死を危惧する人の不安を解消するシステムともいえます。この契約の受託者は、NPO法人や行政書士などですが、自分が契約したい内容を取り扱うか、さまざまなプランを提案してくれるかなどを検討する必要があります。

## 葬儀の際の宗教について

☐ 仏教　　☐ 神道　　☐ キリスト教　　☐ その他（　　　　　　　　　　　）

宗派

寺社・教会

住所・連絡先　　　　　　　　　　　　　　tel

☐ 無宗教で葬儀を行ってほしい

☐ 寺社・教会などは家族に任せる

☐ その他

## 費用について

☐ 費用の準備はしていない

☐ 私の預貯金や保険金などを使ってほしい

☐ 互助会を活用して欲しい（P58）

預貯金や保険金の詳細

☐ その他

## 仏式の場合の戒名(法名・法号)について

☐ 一般的な戒名をつけてほしい

☐ 私が準備している費用で、立派な戒名をつけてほしい

☐ すでに戒名を用意している

戒名

☐ 戒名は不要である

☐ 家族の判断に任せる

# 喪主をお願いしたい人

名前　　　　　　　　　　　　　間柄

住所・連絡先　　　　　　　　　tel

# 弔辞をお願いしたい人

名前　　　　　　　　　　　　　間柄

住所・連絡先　　　　　　　　　tel

※弔辞をお願いしたい人には、事前にあなたからも依頼しておきましょう。

# 香典・供花について

☐ いただいてほしい

☐ 辞退してほしい

☐ 判断は家族に任せる

# 会葬お礼・香典返しについて

☐ 希望する品がある

　　希望の品

☐ こだわらないので家族に任せる

# 花・献花について

☐ 葬儀で飾ってほしい花がある

　　花名・色など

# 音楽について

☐ 葬儀でかけてほしい曲がある

　　曲名・アーティスト名など

第1章　「私」について

第2章　「私の財産」について

第3章　「もしものとき」のために

第4章　伝えておきたいこと

# 棺の中に入れてほしいもの

☐ 入れてほしいものがある

品名・保管場所

---------------------------------------------------------------

---------------------------------------------------------------

※火葬場によっては希望が叶わない場合もあります。

# 遺影について

☐ 準備している写真を使ってほしい

写真の保管場所

---------------------------------------------------------------

---------------------------------------------------------------

☐ 準備していないので家族に任せる

# その他、葬儀に関する希望

---------------------------------------------------------------

---------------------------------------------------------------

---------------------------------------------------------------

---------------------------------------------------------------

---------------------------------------------------------------

## 遺影の準備について                         あなた向け　ご家族向け

　　元気な自分へのご褒美として、1年に一度写真館などに足を運んで遺影の写真を撮影される人が増えています（寿像ともいいます）。遺影写真を自分で準備するというと、少なからず抵抗を感じる人もいるでしょう。しかし、元気に微笑む写真が遺影としてあれば、幸せだったときの自分を家族や参列者が思い出し、悲しみにくれる人たちの心も少しだけ癒されることでしょう。自分の趣味の作品を手にしたり、仕事着を着てみたり、といった写真があれば、それを見ながら残された人たちは自然と会話が弾み、心の中にいつまでもそのときの光景が描かれることでしょう。

# 形見分け・差し上げたい遺品について

| 差し上げたいもの | 受け取ってもらいたい人 |
|---|---|
| | |

| メッセージ |
|---|
| |

| 差し上げたいもの | 受け取ってもらいたい人 |
|---|---|
| | |

| メッセージ |
|---|
| |

| 差し上げたいもの | 受け取ってもらいたい人 |
|---|---|
| | |

| メッセージ |
|---|
| |

| 差し上げたいもの | 受け取ってもらいたい人 |
|---|---|
| | |

| メッセージ |
|---|
| |

| 差し上げたいもの | 受け取ってもらいたい人 |
|---|---|
| | |

| メッセージ |
|---|
| |

メモ欄

第1章 「私」について

第2章 「私の財産」について

第3章 「もしものとき」のために

第4章 伝えておきたいこと

※記入欄が足りない場合、コピーしてお使いください。

# 「もしものとき」に連絡してほしい人

| 名前（ふりがな） | 固定電話 |
| --- | --- |
| | FAX |
| 住所 | 携帯電話 |
| メールアドレス | |
| 備考（間柄など） | |

| 名前（ふりがな） | 固定電話 |
| --- | --- |
| | FAX |
| 住所 | 携帯電話 |
| メールアドレス | |
| 備考（間柄など） | |

| 名前（ふりがな） | 固定電話 |
| --- | --- |
| | FAX |
| 住所 | 携帯電話 |
| メールアドレス | |
| 備考（間柄など） | |

| 名前（ふりがな） | 固定電話 |
| --- | --- |
| | FAX |
| 住所 | 携帯電話 |
| メールアドレス | |
| 備考（間柄など） | |

| 名前（ふりがな） | 固定電話 |
| --- | --- |
| | FAX |
| 住所 | 携帯電話 |
| メールアドレス | |
| 備考（間柄など） | |

※記入欄が足りない場合、コピーしてお使いください。

| 名前（ふりがな） | | 固定電話 | |
|---|---|---|---|
| 住所 | | FAX | |
| | | 携帯電話 | |
| メールアドレス | | | |
| 備考（間柄など） | | | |

| 名前（ふりがな） | | 固定電話 | |
|---|---|---|---|
| 住所 | | FAX | |
| | | 携帯電話 | |
| メールアドレス | | | |
| 備考（間柄など） | | | |

| 名前（ふりがな） | | 固定電話 | |
|---|---|---|---|
| 住所 | | FAX | |
| | | 携帯電話 | |
| メールアドレス | | | |
| 備考（間柄など） | | | |

| 名前（ふりがな） | | 固定電話 | |
|---|---|---|---|
| 住所 | | FAX | |
| | | 携帯電話 | |
| メールアドレス | | | |
| 備考（間柄など） | | | |

| 名前（ふりがな） | | 固定電話 | |
|---|---|---|---|
| 住所 | | FAX | |
| | | 携帯電話 | |
| メールアドレス | | | |
| 備考（間柄など） | | | |

第1章 「私」について

第2章 「私の財産」について

第3章 「もしものとき」のために

第4章 伝えておきたいこと

## 臨終から葬儀までの流れ

あなた向け　ご家族向け

　臨終から葬儀までのおもな流れを確認しましょう。ここでは病院で死亡した場合の、一般的な仏式の葬儀を想定しています。

### ●危篤・臨終

　医師から危篤を告げられた場合、葬儀で故人に着させたい服があれば準備をします。臨終後に準備を始めると、遺体が硬直して着替えさせられなくなるので、先に用意しておくことが故人への思いやりです。病院によって対応が異なりますが、臨終直後に末期の水、看護師などによる遺体のお清め後、必要があれば着替えさせます。

### ●連絡

　この時点で亡くなったことを伝える相手は、以下の3つを優先させましょう。

①親族や付き合いの深い関係者……この時点では、三親等以内の親族や付き合いの深い関係者だけにします。遺体の安置後に葬儀社との相談が始まるので、相談に加わってもらいたい人や葬儀を手伝ってもらう人には必ず連絡します。

②葬儀社……生前予約や相談をしている葬儀社があればそこに連絡を。していない場合、遺体を搬送するのは多くの場合が葬儀社なので、このタイミングで選ぶことになります。葬儀社に連絡をする際、遺体安置場所を尋ねられるので、事前に決めておきましょう。自宅が手狭な場合は、葬儀社の安置室などに搬送します。

③菩提寺……自分の家の菩提寺がわかっている場合は、すぐに連絡を取ります。わからない場合は、葬儀社との見積りの際までに確認を。

### ●死亡退院

　病院で亡くなると死亡診断書が発行されます（自宅などで亡くなった場合、かかりつけの医師や警察に連絡）。死亡診断書は死亡届と一緒になった書類で、市区町村に提出することで遺体の火葬許可申請ができます。この手続きは多くの葬儀社が代行してくれます。そのほか入院費用の精算などを行います。

### ●遺体の搬送、安置、枕飾り

　死亡退院の準備が整ったら安置先に遺体を搬送します。自宅安置の場合、奥まった部屋や2階は、お悔やみに来るかたがいるので避けましょう。遺体の腐敗を防ぐため葬儀社がドライアイスを用意しますが、夏は冷房し、冬は暖房を控えます。仏式の場合、頭を北にして（北枕）安置します。北枕ができない場合は、頭を西にするといいでしょう。遺体を安置したら、香炉、燭台、線香などを置いて「枕飾り」をします。

### ●葬儀の見積り、相談

　遺体の安置後、葬儀社との相談が始まります。日程、会場、予算など決めるべきことが多く、故人を見送った疲れた体には少々つらいですが、遺族が主導して相談を進めること

が重要です。喪主だけでなく他の家族も参加するといいでしょう。故人が生前予約などしていると、遺族の負担をかなり減らせます。

### ◉納棺

納棺は遺族が中心となって行います。希望があれば湯灌師を呼び、納棺の前に故人を風呂に入れて身体を清める「湯灌」をし「死装束」に着替えさせ棺に納めます。故人の希望があればお気に入りの服に着替えさせます（死装束は一緒に納棺し、あちらの世界で着替えてもらいます）。棺には故人の愛用品などを一緒に納めますが、火葬の際に遺骨を傷つける可能性のあるものは避けてください。

### ◉葬儀案内

葬儀の案内をFAX、メールなどで行います（送付先は64〜65ページ参照）。内容は、①故人の名前　②死亡日時　③通夜、葬儀、告別式の日時　④式場（住所、地図、電話番号）⑤葬儀形式（仏式、神式、キリスト教式など）　⑥喪主と連絡者の名前などです。香典や供花等を辞退する場合は、その旨を書いておきましょう。

### ◉通夜

祭壇や弔問客への接待などの準備は、葬儀社が担当します。受付は香典の管理もあり、信頼のおける人にお願いしましょう。葬儀の流れや席順などは、葬儀社の案内に任せます。通夜では僧侶の読経が行われ、喪主、親族の順に焼香をします。その後「通夜振る舞い」をして、故人が生前お世話になったことにお礼を述べ、故人を偲びます。

### ◉葬儀・告別式

葬儀・告別式は僧侶の入場、読経と進行し、読経の途中から通夜と同じ順番で焼香します。僧侶の退場後、会葬者へお礼の挨拶をします。挨拶のタイミングは、葬儀場によって異なるので、事前に確認を。最後のお別れの際は、祭壇に飾られた花を参列者全員で棺の中へ手向け、故人の愛用品や手紙なども一緒に納めます。

### ◉出棺、火葬、収骨

出棺は遺族や深い関係の友人を中心に、棺を霊柩車へと移します。このとき位牌、遺影、骨箱などは遺族が持ちます。火葬場では、係員の指示に従って読経、焼香などを行います。このとき「火葬・埋葬許可証」が必要です。収骨は「箸渡し」で行いますが、方法は地方によって異なるので、係員の指示を仰ぎましょう。遺骨を持ち帰る際に「火葬・埋葬許可証」に火葬済みの証印を押してもらいます。納骨時にはこちらが必要になります。

### ◉還骨法要、精進落とし

収骨を終えると、自宅や葬儀場に戻り還骨法要を営みます。場合によっては遺骨が帰るとすぐに「精進落とし」をします。

## さまざまな葬儀のスタイル あなた向け ご家族向け

　最近では葬儀のスタイルや供養方法、埋葬方法が多様化し、故人らしさを葬儀で表現することが増えています。ただ、葬儀社ごとに呼称や内容が異なるので、生前予約を考える際には、しっかり確認してください。それぞれに長所、短所があるので、ご自分が希望する葬儀スタイルをこのノートに記しましょう。また菩提寺がある場合、葬儀内容によっては納骨を断られることがあるので、住職らに相談しておく必要があります。

### ◉家族葬

　家族や親族、親しい友人中心のこぢんまりとした葬儀形式ですが、葬儀社の商品イメージが先行した呼称で、葬儀そのものの定義ははっきりしていません。小規模な葬儀場を借りて行いますが、告知する範囲や会葬者の人数が違うだけで、葬儀の流れは通常と変わりません（仏式の場合）。しかし、無宗教葬や友人葬になると内容は大きく変わります。

### ◉直葬、火葬式

　通夜や葬儀を行わない火葬のみのスタイル。ただし臨終から24時間は火葬できないので、遺体の安置場所（自宅など）が必要となります。遺族や親族が数人で、一般参列者も少ない場合に選択するケースが多いようです。

### ◉茶毘葬

　基本的な内容は直葬、火葬式と同じですが、茶毘葬は火葬の際、火葬炉の前で僧侶による読経があるのが特徴です。

### ◉一日葬

　通夜がなく1日で葬儀と火葬を行うスタイルです。食事などの費用を節約できるのと、高齢のかたの身体的負担を軽くしたり、遠方からの参列者の宿泊費や交通費を軽減できるメリットがあります。

### ◉無宗教葬

　僧侶や神父・牧師などの宗教者による導きのない葬儀で、故人の好きだった音楽で送る音楽葬や趣味の品々を飾って送る「偲ぶ会」などがあります。自由葬ともいわれ、その人らしさを表現できます。菩提寺がある人は、事前に相談したほうがいいでしょう。

### ◉密葬

　密葬とは本来「本葬」を前提に家族と近親者、友人などの内輪で行う葬儀のことですが、小規模な家族葬や直葬などを指すケースが増えてきました。年末年始に亡くなった場合に時期を考慮して密葬を行い、後で「偲ぶ会」や「お別れ会」を行うケースもあります。

## 葬儀社選びのポイント

あなた向け　ご家族向け

　葬儀社の生前予約をしていない場合、遺族は時間的・精神的に余裕がないなかで、葬儀社を決めなければなりません。故人を弔う大切な儀式に信頼できる葬儀社を選ぶには、どこに気をつければよいのか、葬儀社を選ぶ前にやっておくべきポイントをご紹介します。

### ●遺体搬送料金の事前確認

　病院で亡くなった際に遺体を自宅や斎場に搬送してくれる業者は、病院の提携葬儀社です。搬送後、そのまま葬儀を請け負うことが目的なので、搬送だけと知った段階で法外な料金を要求してくる場合があります。搬送前に書面で料金確認をするとよいでしょう。

### ●遺族側の要望をまとめて伝える

　「よくわからないから」と葬儀社にすべてを任せると、葬儀が終わった後に金額面などで不満が残ってしまうことが多いようです。そんな思いをしないように、事前に遺族が何を望んでいるか（遺体の安置先、葬儀会場の希望、人数や規模、予算、葬儀形式など）をまとめてしっかり伝えて、見積りを出してもらうとよいでしょう。

### ●明確な詳細の見積りを書面で出し、説明してくれるか

　見積りは棺代金などの葬儀費用のほか、実費分（飲食代、火葬料、香典返し代金など）も記載されているかをチェック。基本的に発生する代金すべてを出してもらいます。また、最近ではセットプランなどもありますが、もちろん、この場合も詳しい内訳を確認します。見積りに書いていない費用などもありますので、詳しく聞いて説明してもらいましょう。

### ●遺族の希望をしっかりと聞いてくれるか

　よい葬儀社は、遺族の希望を聞いて選択肢を提案し、判断をこちらに任せてくれるようなところです。とくに些細な質問や、利益の少ない葬儀でも丁寧に応えてくれるところが望ましいです。逆に遺族の希望を聞かずに、一方的に提案したり契約を急かしたり、利益が少ないとわかると態度が冷たくなるような会社は要注意です。

### ●2社以上から見積りを取る

　葬儀社によってサービスやプランなど対応の違いは出てきます。できれば複数の葬儀社に同じ内容で見積りを出してもらい、金額や対応を鑑みて選ぶとよいでしょう。また、短い期間とはいえ大切な葬儀ですから担当者との相性も重要になってきます。担当者の人柄もひとつの判断材料に加えるのもよいでしょう。

　そのほか、説明の際に、わかりやすいパンフレットや過去に施行した葬儀の記録を見せてもらえるところだとイメージが掴みやすくて安心です。

## 死亡後のおもな手続きや届け出

あなた向け　ご家族向け

　大切な人が亡くなった後に行う必要があるおもな手続きをご紹介します。期限や時効がある手続きもあり注意が必要です。必要書類等は各手続き先に確認を。なお、預貯金や不動産などの引き継ぎは相続財産となり、相続が確定してからの手続きになります。

**（5日以内）----□ 健康保険加入者が亡くなったときの資格喪失届**

　手続き先：加入者の事業主を通して、健康保険組合もしくは年金事務所

　注意する点：故人が加入者本人の場合、被扶養者は国民健康保険への加入手続きを行う（国民健康保険は14日以内）。

**（7日以内）----□ 死亡届**

　手続き先：故人の本籍地か死亡した場所、もしくは届け人の所在地の市区役所・町村役場

　注意する点：提出していないと火葬・埋葬許可証が出ず葬儀もできないので、葬儀前に行うのが一般的。外国で亡くなった場合は、その事実を知ってから3か月以内に、現地で発行された死亡証明書を添付して提出。また、死亡届と死亡診断書はコピーしておくとよい。

**（10日以内）----□ 年金受給権者死亡届および未支給年金・未支払給付金請求書**

　手続き先：最寄りの年金事務所

　注意する点：年金受給前に亡くなった場合は年金手帳を返却する（国民年金のみの場合は14日以内）。

**（14日以内）----□ 世帯主変更届**

　手続き先：故人の住所地の市区役所・町村役場

　注意する点：故人が世帯主だったときにのみ必要。

**（14日以内）----□ 国民健康保険加入者が亡くなったときの資格喪失届**

　手続き先：住所地の市区役所・町村役場の国民健康保険担当窓口

　注意する点：故人が世帯主の場合、被扶養者は国民健康保険の書き換えを行う。

---

### すみやかに行いたいおもな手続き① （カッコ内は手続き先）

□ 自動車の移転登録・名義変更（登録地の運輸支局または自動車検査登録事務所）

□ 印鑑登録証の返却（住所地の市区役所・町村役場）

□ クレジットカードの停止・解約（契約しているクレジットカード会社）

□ 自動車運転免許証の返納（最寄りの警察署または運転免許センター）

□ パスポートの返納（最寄りのパスポートセンター）

□ 公共料金、NHKの名義と料金引き落とし口座の変更（公共料金は各契約会社、水道事業体。NHKは管轄の営業部かセンター／☎0120-151515）

※限定承認、相続放棄の申請（3か月以内）、準確定申告（4か月以内）、相続税の申告・納付（10か月以内）については45ページと89ページのコラムを参照してください。

## ●給付や受け取りに時効がある手続き

**（時効2年）**----□ 健康保険・国民健康保険の加入者が亡くなったときの、埋葬費・葬祭費などの請求や高額療養費支給請求

手 続 き 先：健康保険は加入者の事業主を通して、健康保険組合もしくは年金事務所。国民健康保険は故人の住所地の市区役所・町村役場の国民健康保険担当窓口

注意する点：高額療養費支給請求は申請時から遡り2年前までの医療費しか戻らない。

**（時効3年）**----□ 生命保険金・損害保険金・共済金の受け取り

手 続 き 先：契約している生命保険会社、損害保険会社または代理店、共済組合

注意する点：入院給付金や手術給付金なども申請する場合は医師の入院・手術等診断書も用意。なお、かんぽ生命保険金の受け取りの時効は5年。

**（時効5年）**----□ 国民年金の遺族基礎年金の受給

手 続 き 先：故人の住所地の市区役所・町村役場の国民年金担当窓口、年金事務所、年金相談センター

注意する点：国民年金加入者、老齢基礎年金受給者、老齢基礎年金の資格期間を満たした人が亡くなったときに、その人により生計を維持されていた子（※18歳未満）のある配偶者、もしくは子が受給できる。

**（時効5年（寡婦年金）、2年（死亡一時金））**----□ 寡婦年金もしくは死亡一時金の受給

手 続 き 先：故人の住所地の市区役所・町村役場の国民年金担当窓口、年金事務所、年金相談センター

注意する点：遺族基礎年金が受給できないときにどちらかを申請。寡婦年金は夫が年金を受給していないことなどの条件があり、すべて満たしたときにのみ申請できる。寡婦年金の条件を満たさないときは死亡一時金を申請でき、生計を共にしていた配偶者、子、父母、孫、祖父母または兄弟姉妹の順で申請可能。

**（時効5年）**----□ 遺族厚生年金の受給　　　手続き先：年金事務所、年金相談センター

注意する点：故人が厚生年金加入中に死亡、または加入中の傷病が原因で初診日から5年以内に死亡したとき。故人が老齢厚生年金の受給中、または受給資格を満たしていて受給せずに死亡したとき。故人が1級・2級の障害厚生年金を受けていて死亡したとき、受給できる。故人に子（※18歳未満）がいる場合は遺族基礎年金も併せて受給できる。

- - - - - - - - - - - - - - - - - - - - - - - - - - - - - - - - - - - - - - - - - - - - - - - - -

### すみやかに行いたいおもな手続き② （カッコ内は手続き先）

□ 固定電話・携帯電話の名義変更（契約している各電話会社）

□ 住居の賃貸契約の名義変更（公団・公社・不動産会社・大家など）

※18歳未満とは、「18歳に到達した年度の末日までの間にある子」のことをいいます。

# お墓や法要について

お葬式と同様に、お墓や仏壇についても希望があるでしょう。どこのお墓に入りたいか、どなたに引き継いでほしいかなど、ご自身の考えや準備状況をこのノートにまとめておけば、対応されるご家族の迷いや負担も軽減できるでしょう。

記入日　　年　　月　　日

## 遺骨についての希望

☐ 菩提寺または先祖代々の墓に入れてほしい

菩提寺・所属教会名

住所　　　　　　　　　　　　　　　　tel

先祖代々の墓・墓地・霊園の場所

☐ 新しいお墓に入れてほしい

購入費用について

希望する場所や墓石、墓碑銘など

☐ 散骨して欲しい

希望する場所など

☐ 樹木葬にしてほしい

希望する場所など

☐ 永代供養墓に入れてほしい

希望する場所など

- ☐ 納骨堂に入れてほしい
  希望する施設など

- ☐ 宇宙葬にしてほしい

- ☐ 家族の判断に任せる

- ☐ その他

## お墓を引き継いでほしい人

名前　　　　　　　　　　　　　　続柄

連絡先

## その他、お墓やお墓参りについての希望

---

メモ欄

---

第1章　「私」について

第2章　「私の財産」について

第3章　「もしものとき」のために

第4章　伝えておきたいこと

お墓や仏壇に対する希望とともに、法要についての希望も書き添えておきましょう。また、埋葬方法や法要の希望をまとめる際には、75〜78ページのコラムも参考にしてください。

## 仏壇についての希望

☐ 代々続く仏壇に祀ってほしい

☐ 新しい仏壇に祀ってほしい
　購入費用について

☐ 家族の判断に任せる

☐ その他


## 法要についての希望

年忌法要をいつまで行ってほしいかなどの希望



法要に集まってほしい人などの希望



## 死後事務委任契約について

☐ 委任契約を作成している　☐ 委任契約を作成していない

| 受任者 | 作成日 | 　　　年　　　月　　　日 |
|---|---|---|
| | 名前 | |
| | 職業 | |
| | 住所 | 〒 |
| | 連絡先 | 電　話： |
| | | メール： |

## 死後事務委任契約

あなた向け　ご家族向け

　自分が死んだあとの葬儀や納骨のことについて頼れる身寄りのない人、家族や親族がいてもその人たちに負担をかけたくないと考えている人、またパートナーと内縁関係や事実婚の人、家族と考えが異なる人などが、自分の死後に必要となる手続きを、信頼できる第三者に責任をもって行ってもらうよう、生前に契約をすることを「死後事務委任契約」といいます。依頼人であるあなたの希望に沿ってさまざまな手続きをしてもらえます。まずは公正証書を作成しておくことが安全で確実な方法といえます。

### どのような人向けの契約か？
①頼れる身内がいない人
②家族がいても高齢であったり絶縁していたりして頼めない人
③家族や親族に負担をかけたくない人　④内縁関係や事実婚の人
⑤家族と希望が異なる人

### 契約に盛り込める内容
①葬儀に関する手続き
・遺体の引き取りや葬儀、火葬の手配
・埋葬や納骨の手続き
②行政手続きに関すること
・死亡届など各種行政手続きや税金の納付
・年金関係等の手続き、健康（介護）保険証の返還
③契約に関する手続き
・家賃または病院や施設等の費用の精算
・公共料金の精算、解約手続き
④遺品等の整理
・家具等の遺品処分
・パソコンやスマホの個人情報やSNSのアカウント等のデジタル遺品の削除
⑤ペット
・ペットが残された場合の委託先への引き渡し等

### 契約に盛り込めない内容
①相続や身分関係に関する内容　②財産管理などの生前の身の回りのこと

### 契約締結までの流れ
①具体的に依頼したい内容を決める
②代理人をお願いしたい人に内容を伝え、了解を得る
③契約書を作成する
④公証役場で公正証書を作成して「死後事務委任契約」の完成

第1章　「私」について

第2章　「私の財産」について

第3章　「もしものとき」のために

第4章　伝えておきたいこと

75

## さまざまな埋葬方法

あなた向け　ご家族向け

　菩提寺や先祖代々の墓に埋葬する方法以外に、経費を軽減する目的や、自分らしさの表現のひとつとして、さまざまなスタイルの埋葬方法も増えてきています。家族の気持ちにも配慮して、納得できる埋葬方法を選ぶようにしましょう。

### ◉散骨

「死んだら自然にかえりたい」「お墓はないが負担を減らしたい」などの希望から、粉末状にした遺骨を海や山へ散骨する方法です。1991年に「遺骨遺棄罪に該当しない」という見解が当時の厚生省と法務省から発表されて以来、希望する人が増えた埋葬方法です。船で海に撒いたり（海岸から何km沖合に撒くというガイドラインを設定しているところが多い）、飛行機で山に撒いたり（持ち主の許可がある地域に限る）することがほとんどです。

### ◉樹木葬

「墓地埋葬法」に基づいて墓地として認められた場所に、遺骨を直接埋葬し、墓石の代わりに樹木や花を植えるスタイルです。区画が小さく墓石代も必要ないので費用が安く、継承者がいなくても購入できます。都市部には少ないのですが、今後、公営を含めて設置される計画が増えています。

### ◉永代供養墓

　継承者がいなくても、寺などの管理者が責任をもって永代にわたって供養と管理を行ってくれる墓です。個人墓でなければ墓石代がかからず、墓地使用料が割安になるため費用を軽減することができます。納骨方法は、遺骨を1か所にまとめて土にかえす合祀、一定期間（三回忌まで〜五十回忌までなど、さまざま）を骨壺などのまま安置した後に合祀、遺骨を分骨して一定期間安置し残りの遺骨を合祀、などがあり、費用も違ってくるので確認するとよいでしょう。

### ◉納骨堂

　墓石を建てずに遺骨を納める屋内型の施設で、ロッカー型、仏壇型、お墓型などがあります。なかにはボタン操作で骨壺を呼び出すコンピュータ制御のものや、スクリーンに遺影を映し出すタイプもあります。基本的に継承者は必要なく、30〜50年などの契約期間を決め、この期間が過ぎると合祀することが多いようです。

### ◉宇宙葬

「死んだら星になる」という子どものころ親からいわれた言葉のように、ロケットで宇宙に散骨するものです。アメリカの会社が主催しており、日本人も多く応募しているようです。また日本には、巨大バルーンに遺灰を詰めて成層圏に散骨する「バルーン宇宙葬」もあります。

# 法要の基礎知識

あなた向け　ご家族向け

　お墓参りや法要は、この世にいる家族たちが亡くなった人を偲び、あの世で幸せに過ごせるように行う、大切な行事です。宗教によって呼び名などの違いはありますが、故人を弔う気持ちは変わりません。

## ◉仏式～法要

　法要とは、故人を偲び、供養するための儀式です。故人が亡くなって7日目に行う初七日から7日ごとに49日目（七七日）まで行われ、これをもって、喪に服する期間が明けます（忌明け）。以降、故人の死後満1年目にあたる一周忌から年忌法要と呼ばれ、七回忌以降は親族など内輪で済ますことが多いようです。また、最近では省略されることが多い儀式もあります。年忌法要は正式には祥月命日（亡くなった日と同月日）に行いますが、最近では、家族や、親戚などが集まりやすい休日に行われることも多くなっています。この場合は命日より前に行います。

## ◉神式～霊祭

　霊祭は仏式でいう法要にあたります。基本的に葬儀の次の日に葬式が無事終了したことを報告する翌日祭が行われ、個人の死後10日目に行う十日祭（仏式でいう初七日にあたる）を機に、故人の死後50日目に行われる五十日祭まで10日ごとに行います。五十日祭の翌日に清祓いの儀を行い、忌明けとなります（合祀祭を同時に行う場合も多い）。その後、百日祭を経て翌年から式年祭を一年祭、三年祭、五年祭、十年祭と行い、この十年祭を機に、二十年祭、三十年祭と10年ごとに行うようになりますが、一般的に二十年祭まで行うところが多いようです。法要と同様に、省略される儀式もありますので確認するとよいでしょう。

## ◉キリスト教～記念式・追悼ミサ

　キリスト教での法要は記念式や追悼ミサと呼ばれます。プロテスタントとカトリック、大きく分けて2つの教えがあり、それぞれで追悼行事や時期が異なります。

### プロテスタントの場合

　故人の死後1か月後の昇天記念日（命日）に昇天記念祭を行い、追悼のための茶話会が開かれます。その後の決まりはとくになく1、3、7年目の昇天記念日に教会で追悼集会が行われることがあります。

### カトリックの場合

　故人の死後、3、7、30日後に教会で追悼ミサを行い、その後は毎年の命日に自宅や教会、墓前で行います。また、万霊節の日（11月2日）は死者の日として、教会に集まりミサをし、お墓参りを行います。

　このように、宗教ごとに決められた法要だけでなく、家族にお祝いごとがあったときや、家族の記念日などに集まって報告をしたり、個人で墓参りをして偲んだりするのもよいでしょう。

77

## 仏式法要の種類 (おもなもの)

| | 法要名 | 命日を含めた日数 | 備　考 |
|---|---|---|---|
| 忌日法要 | 初七日<br>（しょなぬか） | 7日目 | 正式には死後7日目に行うが、近年では葬儀、告別式に行うことが多い。 |
| | 二七日<br>（ふたなぬか） | 14日目 | 最近では省略されることも多い。 |
| | 三七日<br>（みなぬか） | 21日目 | 最近では省略されることも多い。 |
| | 四七日<br>（よなぬか） | 28日目 | 最近では省略されることも多い。 |
| | 五七日(三十五日)<br>（いつなぬか　さんじゅうごにち） | 35日目 | この日を忌明けとする地方もあるが、最近では省略されることも多い。 |
| | 六七日<br>（むなぬか） | 42日目 | 最近では省略されることも多い。 |
| | 七七日(四十九日)<br>（なななぬか　しじゅうくにち） | 49日目 | 多くはこの日で忌明けとなる。<br>親戚や親しい人などを招いて、僧侶に読経をあげてもらい、会食を行う。 |
| | 百か日<br>（ひゃくにち） | 100日目 | 一般的に近親者や身内だけで供養を行う。<br>「偲ぶ会」などはこの日に合わせて行われることもある。 |
| 年忌法要 | 一周忌 | 満1年目 | 親戚や親しい人などを招いて、僧侶に読経をあげてもらい、会食を行う。お墓に故人の骨を納骨するときは、七七日かこの日に「納骨法要」が同時に行われることが多い。 |
| | 三回忌 | 2年目 | 親戚や親しい人などを招いて、僧侶に読経をあげてもらい、会食を行う。 |
| | 七回忌 | 6年目 | 家族や親戚で供養を行う。<br>これ以降は、規模を小さくするのが一般的。 |
| | 十三回忌 | 12年目 | 一般的に遺族だけで行う。<br>最近では省略されることも多い。 |
| | 十七回忌 | 16年目 | 一般的に遺族だけで行う。<br>最近では省略されることも多い。 |
| | 二十三回忌 | 22年目 | 一般的に遺族だけで行う。<br>最近では省略されることも多い。 |
| | 二十七回忌 | 26年目 | 一般的に遺族だけで行う。<br>最近では省略されることも多い。 |
| | 三十三回忌 | 32年目 | 一般的に遺族だけで行う。この日を法要を営む最後の年忌（弔い上げ）とする場合が多い。 |
| | 五十回忌 | 49年目 | この日を最後の年忌（弔い上げ）とすることもある。 |

# 第4章

## 伝えておきたいこと

# 遺言について

誰にどのくらいの額を渡したいかなど、遺産相続などに関してご自身で明確な意思をお持ちの場合には、法的効力のある遺言書を作成しておくとよいでしょう。作成後には用意のある旨、関係者などをこのページにまとめておきましょう。

記入日　　　年　　　月　　　日

## 遺言書の用意

☐ している　　　☐ していない

| 遺言書の種類 ||
|---|---|
| ☐自筆証書遺言書　☐秘密証書遺言書　☐公正証書遺言書　☐その他（　　　） ||
| 作成年月日 | 保管場所 |
| 年　　　月　　　日 | |
| 遺言執行者 | 連絡先 |
| | |
| 関係者（弁護士、税理士など） | 連絡先 |
| | |
| 関係者（弁護士、税理士など） | 連絡先 |
| | |

## 遺産分割など遺言に関わる希望

**書き方のヒント** 遺言書を作成したほうがいい場合については、下のコラムを参照してください。また、ご家族の負担を賢く軽減する財産贈与の方法については、85ページのコラムをご覧ください。

## 遺言書について　あなた向け／ご家族向け

遺言書は、自分の死後も生前の意思を尊重して財産を活用してもらうために法律的に効力をもった重要な書類です。財産や不動産、ペットの処遇などしっかりと希望に沿ったかたちで引き継いでもらうために、ぜひ遺言書を書いておきましょう。その際、法律で決められた形式で書類を作成しないと、無効になってしまうので気をつけてください。

### ●とくにこんなかたは遺言書を作成しておくことをおすすめします

- 相続する家族、親族の間に争いが起きないようにしておきたい
- 世話になった子どもに多めに遺産を配分したい
- 内縁関係の相手に財産を残したい
- 先に亡くなった自分の子どもの配偶者にも財産を残したい
- 子どもがいないので、自分の親兄弟ではなく配偶者に財産をすべて贈りたい
- 家族以外のお世話になった人にも財産を贈りたい
- 事業の後継者に、基盤となる財産をまとめて贈りたい
- 障害をもつ子どものために、自分が亡くなった後の生活設計を立てておきたい
- 菩提寺での永代供養を考えている
- 学校法人や公共団体にも財産を寄付したい

などと考えているかた。

基本的に多少でも残すべき財産がある場合は、遺言書を作成することをおすすめしますが、とくに上記のケースにあてはまるかたは遺言書を作成しておくとよいでしょう。

### ●遺言書の種類

遺言書には「普通方式遺言書」と「特別方式遺言書」があります。ドラマなどで目にする一般的に知られている遺言書は「普通方式」で書かれたもので、私たちがこれから作成しようとするものは、これに該当します（詳しくは82ページ以降参照）。ちなみに「特別方式遺言書」は、病気などの事情により、死期が差し迫っているときや、船舶内などで一般社会から隔離されているときに、それぞれの状況に応じて作成します。この特別方式遺言書は、その性格上から、遺言者が普通方式遺言書を作成できるようになってから6か月間生存した場合、効力がなくなってしまうので注意しましょう。

# 普通方式遺言書の種類

あなた向け　ご家族向け

## ◉自筆証書遺言書

**おもな流れ**

　遺言者本人が遺言書の全文・日付・氏名を自書して押印し、死後、遺族が見つけやすいような場所に保管しておきます。

**ポイント**

　用紙や筆記用具などは自由。ただし、代筆やパソコンは不可（財産目録は代筆・パソコン可）。この遺言書が執行されるには保管者または発見者が家庭裁判所にて検認手続きを行わなければなりません。基本的に自筆証書遺言書は封筒に入れて封印する必要はありませんが、一般的にはそのように行う場合が多いようです。その場合封筒の表書きには「遺言書」と氏名を書いておくとよいでしょう。

**注意する点**

　日付は年月日が特定できなければ有効ではありません（例：「遺言者の〇歳の誕生日」は大丈夫だが、「令和〇年〇月吉日」では、特定できないので不備とみなされる）。文書を訂正する場合は、該当箇所に訂正印を押し、欄外に「何行目の何文字を訂正、何文字加入」などと記入し、署名しなければならないので、作業が煩雑になります。間違えた場合は全文を書き直すとよいでしょう。

**メリット**

　作成費用がかからない。手軽に作成・内容変更ができる。

**デメリット**

　第三者の手によって勝手に書き換えられたり、紛失、破棄されたりする可能性がある。形式不備のため無効になる可能性が高い。

## ◉自筆証書遺言書保管制度

　法務局（遺言書保管所）に保管してもらう制度です。保管手数料3900円で家庭裁判所の検認不要なうえ、死亡時の通知制度もあるため、これを使えば自筆証書遺言書のデメリットをなくすことができます。

## ◉秘密証書遺言書

**おもな流れ**

　遺言者本人が遺言書の全文・日付・氏名を自書して押印し、その印鑑で封印します。証人2人以上の立ち会いのもと公証人に提出。自分の遺言書であることと住所・氏名を口述（口がきけない人は通訳や筆談等でも可）します。公証人が提出日と申述を封紙に記載後、公証人・遺言者本人・証人がそれぞれ署名・押印。遺言者本人が遺言書を持ち帰り保管します。

**ポイント**

　この遺言書が執行されるには保管者または発見者が家庭裁判所にて検認手続きを行わなければなりません。自筆の署名と押印があれば、代筆やパソコンによって作成された書面でも問題ありません。

### 注意する点

　自筆証書遺言書と同様に必要な形式を満たしていないと無効になります。公証人は中身を見ずに「遺言書の証明」のみを行うため、法的に有効かどうかは遺言者本人の責任となります。不安なら弁護士等に確認してもらうようにしてください。

### メリット

　遺言内容を秘密にしたままで、遺言書の存在をアピールできる。遺言書が間違いなく本人のものであると証明できる。自筆の署名・押印があればパソコンでの作成や代筆を頼むことが可能。第三者の手による勝手な遺言書内容の変更や紛失の心配がない。

### デメリット

　誰かに証人を頼む面倒がある。公正証書遺言書ほどではないが証明の際に手数料がかかる。手軽に内容の変更ができない。公証人は内容の確認を行わないので形式不備で無効になる可能性がある。

## ●公正証書遺言書

### おもな流れ

　公証役場に電話し、財産目録や戸籍謄本など必要書類を聞いて揃えます。遺言者本人と証人2人以上が公証役場に赴き、公証人が遺言の内容を口述筆記して、遺言者本人と証人に読み聞かせ、または閲覧させて確認します。筆記が正確なことを確認後、遺言者本人と証人がそれぞれ署名・押印し、公証人が以上の方式に従ったものであることを付記し、署名・押印します。原本は遺言者本人が亡くなるまで公証役場にて保管されます。正本と謄本を遺言者本人が持ち帰ります。

### ポイント

　遺言者の口述に基づき公証人が遺言書を作成するので、不備がなく、確実に書類作成、実行できます。遺言者本人が動けない場合でも公証人に来てもらうことが可能（別途出張料が必要）。遺言者本人が口がきけなかったり、耳が聞こえなかったりする場合でも通訳を使用し作成することができます。原本は公証役場で保管され、紛失しても再交付されるので無効になる心配がなく、他の遺言書と違い、家庭裁判所の検認手続きの必要がありません。

### 注意する点

　公証人の手数料は財産額によって異なり、財産額が高いほど手数料も高くなります。公証役場に行く前に、ある程度の準備が必要です。

### メリット

　遺言書が間違いなく本人のものであると証明できる。形式不備により無効になることがない。第三者の手による勝手な遺言書内容の変更や紛失の心配がない。

### デメリット

　誰かに証人を頼む面倒がある。手軽に内容の変更ができない。証人手数料など、ある程度の諸費用がかかる。

## 遺言信託制度とは

あなた向け　ご家族向け

　信託銀行に遺言書に関することをお任せする制度です。手数料はかかりますが、遺言作成の複雑な手続きや遺言実行などを代行してくれます（料金は信託内容や財産額によって異なります）。また、実際の遺言実行には関与せず、遺言書作成のアドバイスや保管のみのサービスを行うなど、銀行によって内容は異なりますので、ご自分のスタイルにあった銀行を探すとよいでしょう。

### ◉おもな遺言信託の流れ

**遺言者の流れ**

①事前相談……遺言を考えるにあたり、相続人や受遺者、対象となる財産について確認のうえ、銀行に処置方法など内容の相談をします。

②遺言信託の申し込みと遺言書の作成……遺言信託の申し込みを行い、事前相談の内容に基づき、公証役場に赴いて公正証書遺言書を作成。2人以上の証人が必要なため、銀行によっては担当者が立ち会います。

③遺言執行引受予諾契約……銀行と遺言執行引受予諾契約を結び、公正証書遺言書の正本（銀行によっては謄本も）を相続開始まで銀行が預かります。

④定期的な照会……銀行から定期的に遺言の内容や財産、相続人などの変更がないか遺言者に確認の連絡がきます。これ以外にも、変更などがあったときは遺言者からすぐに銀行に連絡します。

**遺族の流れ**

①相続開始の通知……申し込みの際などにあらかじめ届けられた通知者が銀行に遺言者の死亡連絡を行います。

②遺言書開示と執行者就任通知……相続人、受遺者に遺言書の内容が開示され、銀行が遺言執行者に就任したという通知がなされます。

③遺産調査と財産目録作成……相続人の協力のもと遺産や債務の全容を調査。相続財産目録を作成し、相続人が保管している通帳、権利書、株券などは銀行が預かります。

④相続税などの資金手当や諸税の納付……銀行は準確定申告（相続開始後4か月以内に申告）、相続税申告（10か月以内に申告）について、必要な場合は税理士を紹介したり、納税資金手当についてのアドバイスを行います。

⑤遺言の執行、遺産分割の実行……遺言書に基づき預貯金、不動産などの名義変更や換金手続きを銀行が行い、遺産分割を実行します。

⑥遺言執行完了の報告……すべての手続きが終了後、銀行から相続人、受遺者に完了報告が行われます。

※すでに作成してある遺言書（自筆証書遺言書）を銀行に預けるだけの場合は、①の「相続開始の通知」後、銀行側が保管してある遺言書を相続人代表に渡して終了します。

# 賢い贈与の方法

あなた向け　ご家族向け

　相続税対策に生前贈与を考えているかたも多いのではないでしょうか？　しかし、現在は相続税のほうが基礎控除額が大きく、課税されるケースは少ないのです。相続税も贈与税も財産が多いほど税率が高くなる累進課税方式（最高税率は55%）です。相続税は一時期に課税されますが、毎年少しずつ財産贈与するなど、うまく生前贈与を行えば税負担を軽くすることもできます。ここでは、賢い生前贈与の方法をご紹介します。

## ◉ 贈与税の基礎控除を利用

　贈与税には年間110万円までの基礎控除枠があります。年単位で課税されるので、基礎控除は毎年使えます。つまり、毎年110万円までは非課税・無申告で贈与できます。

注意する点……同じ相手に対して、贈与時期や金額を一定にすると「定期金に関する権利の贈与」とみなされ一括課税される可能性があります。贈与のたびに贈与契約書を締結し、現金ではなく振り込みにして記録を残すようにしましょう。

## ◉ 贈与税の配偶者控除を利用

　20年以上婚姻関係がある夫婦間で、居住用不動産（またはその取得資金）を贈与する場合、最高で2000万円、基礎控除を合わせると2110万円まで贈与税がかかりません。

注意する点……税額が0円でも申告をする必要があります。

## ◉ 相続時精算課税制度を利用

　贈与時に贈与財産に対する贈与税を納め、その贈与者が亡くなったときにその贈与財産の贈与時の価額と相続財産の価額とを合計した金額を基に計算した相続税額から、すでに納めたその贈与税相当額を控除することで贈与税・相続税を通じた納税を行うものです。この制度には、贈与時に2500万円の特別控除があり、贈与税率も一律20%に軽減され、スムーズに資産を次世代に渡せます。

注意する点……贈与者が60歳以上の親または祖父母であること、受ける側は18歳以上の子または孫であることとされ、「相続時精算課税選択届出書」の提出が必要です。

## 贈与税早見表

| 一般税率（右記以外の贈与） | | | 特別税率(18歳以上の人への父母・祖父母からの贈与) | | |
|---|---|---|---|---|---|
| 課税価格 | 税率 | 控除額 | 課税価格 | 税率 | 控除額 |
| 200万円以下 | 10% | － | 200万円以下 | 10% | － |
| 300万円以下 | 15% | 10万円 | 400万円以下 | 15% | 10万円 |
| 400万円以下 | 20% | 25万円 | | | |
| 600万円以下 | 30% | 65万円 | 600万円以下 | 20% | 30万円 |
| 1,000万円以下 | 40% | 125万円 | 1,000万円以下 | 30% | 90万円 |
| 1,500万円以下 | 45% | 175万円 | 1,500万円以下 | 40% | 190万円 |
| 3,000万円以下 | 50% | 250万円 | 3,000万円以下 | 45% | 265万円 |
| 3,000万円超 | 55% | 400万円 | 4,500万円以下 | 50% | 415万円 |
| | | | 4,500万円超 | 55% | 640万円 |

※年齢は、贈与があった年の1月1日で判定します。

## 相続についての基礎知識

あなた向け ご家族向け

人が亡くなると「相続」は必ず発生するもの。「相続」とは、人が亡くなったとき、その人の財産を近親者が受け継ぐことです。亡くなった人を「被相続人」、一定の近親者を「相続人」、相続する財産を「遺産」と呼び、相続人が2人以上いる場合は遺産を相続人同士で分割することになります。自分に関連づけて考えることはなかなか難しいかもしれませんが、親戚や家族がいる限り避けては通れないうえ、遺産相続は争いになりやすいので、あなたや周りの近親者が相続にかかわっても争いにならないように、「相続」についての基礎的な知識を身につけましょう。

### ●相続で受け継ぐ財産

相続で受け継ぐことができる財産は預貯金、株式、国債などの金融資産と、不動産、骨董品、自動車などがあります。また、損害賠償金や慰謝料なども含まれます。たとえば、亡くなった人が交通事故で被害に遭っていた場合、相続人は加害者に対し亡くなった人の代わりに慰謝料を請求することができるのです。しかし、相続で受け継ぐものはこういった財産だけではなく、借金などの負債（マイナスの財産）も含まれます（マイナスの財産がある場合は44～45ページ参照）。

### ●法定相続人の範囲と順位

相続人になれるのは、法律で決められた「法定相続人」と呼ばれる人たちです。亡くなった人に配偶者がいる場合は、最優先で相続人となります。以下、子、親、兄弟姉妹の順番で優先されます（詳しくは下記参照）。

**法定相続人の順位と詳細**

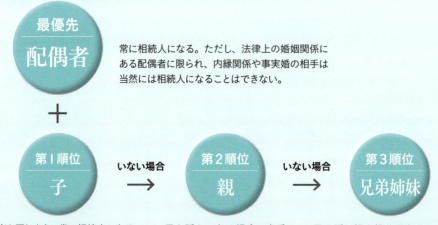

**最優先 配偶者**
常に相続人になる。ただし、法律上の婚姻関係にある配偶者に限られ、内縁関係や事実婚の相手は当然には相続人になることはできない。

**第1順位 子**
配偶者と同じように常に相続人になる。子が亡くなっている場合は、その子（被相続人から見て孫）が代襲相続を行う。被相続人が再婚していた場合、以前の配偶者との間の子も相続人になる。

いない場合 →

**第2順位 親**
子も孫もいない場合、直系親族である親が相続人になる。両親とも亡くなっている場合は祖父母が相続人になる。

いない場合 →

**第3順位 兄弟姉妹**
子や孫、親や祖父母などの直系親族がいない場合のみ、兄弟姉妹が相続人になる。兄弟姉妹が亡くなっている場合はその子（被相続人から見て甥、姪）が相続人になる。

●遺産の分け方　遺産分割協議と法定相続の割合

　遺言書がある場合は基本的に遺言に沿って遺産を分けます（81ページ参照）。遺言がない場合は相続人全員が話し合い（この話し合いを「遺産分割協議」という）、遺産を分けます。相続人のなかに被相続人の財産形成など特別に貢献した人とそうでない人がいる場合、同額では不公平になりますので、話し合いで調整します。なお、遺産分割協議の際の目安として法律で決められた「法定相続割合」というものがあります。遺産分割協議が終了したら遺産分割協議書を作成しましょう。相続人ごとに相続する財産の詳しい種類（家財や不動産、預金など）や日付を明記し、各自それぞれ自筆の署名と実印での押印を行います。遺産分割協議書の法的な作成義務はありませんが、のちに相続財産の名義変更を行うときに財産の種類によっては必要となるので、作っておいたほうがよいでしょう。作成の際に公証役場で公正証書を作っておくと、のちにトラブルが起きたときなどに、信頼の高い証拠となるので安心です。また、相続人がいないときは、家庭裁判所の手続きを経て、財産は国のものになります。

### 法定相続割合の例

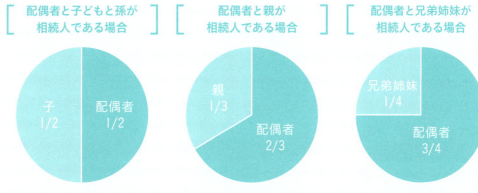

配偶者２分の１、残り２分の１を子どもたちで均等に分ける。子の１人が亡くなっている場合は、その子のぶんを孫で均等に分ける。

配偶者３分の２、残り３分の１を親が相続する。

配偶者４分の３、残り４分の１を兄弟姉妹で均等に分ける。

### 遺産分割協議の話し合いがまとまらないとき

　話し合いがまとまらないときは家庭裁判所に遺産分割の調停を申し立てます。調停では、家庭裁判所が相続人たちから意向を聞き、相続人たちに解決策を提示します。それでもまとまらない場合、家庭裁判所は審判を行います。審判では財産内容や相続人の生活状況、年齢などを考慮して判断し、審判を下します。

●相続税の計算方法について

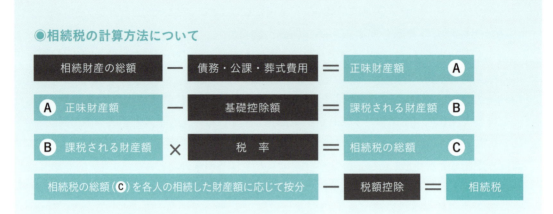

「基礎控除額」は3000万円＋法定相続人の人数×600万円であり、「課税される財産額」が「0」もしくは「マイナス」の場合、相続税はかかりません。遺産を相続する場合は「相続税」がかかりますが、相続税がかかるケースは全体の4％程度です。ほとんどの人は相続税を払う必要もなく申告もしなくてよいのです。とはいえ、相続税の計算や申告はとても複雑なので、必要と思われるかたは早めに税理士などに相談しましょう。相続税の税率、控除額については89ページを参照してください。

**家族以外に遺産を贈りたいとき〜遺贈と遺留分について**

　法律上有効な遺言がある場合、それは強い法的効果を発揮します。遺言書に書いてあれば、相続人でなくとも財産を残すことができ、遺言で相続人以外に財産贈与することを「遺贈」と呼びます。遺贈により全財産を他人に残すことも可能ですが、相続人の権利はある程度保護されており、相続人（配偶者や子、親に限る）は自分たちの相続する権利「遺留分」の請求ができるようになっています。

**遺留分割合の例**

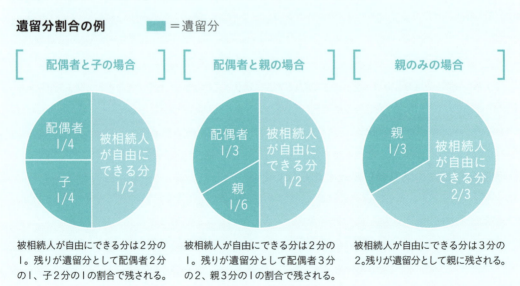

## ●相続に関するおもな手続き一覧

| 内　容 | 手続き先 | 期　限 | 注意する点 |
|---|---|---|---|
| 遺産分割協議書と財産目録の作成 | 弁護士や税理士、司法書士など専門家に相談 | とくに期限はないが、相続税の申告、財産等の名義変更手続きの際に必要 | 遺産分割協議がまとまらない場合は家庭裁判所に調停・審判の申し立てを行う。なお、「限定承認」または「相続放棄」をする場合は3か月以内に家庭裁判所に申し立てる必要がある。 |
| 準確定申告 | 被相続人の住所地を管轄する税務署 | 4か月以内 | 準確定申告とは被相続人の所得税を確定するために行うものである。所得がなければ所得税は発生しないため所得がない場合は準確定申告をしなくてもよい。被相続人に所得があった場合でも、所得税のかからない範囲であれば申告の必要はない。もし、所得税を源泉徴収されている場合、還付される可能性が高いため、準確定申告を行うとよい。 |
| 郵便貯金・銀行預金・自動車などの名義変更 | 郵便局や銀行、各商品の購入先など | 遺産分割協議書作成以降なるべく早く | 印鑑、故人の預金通帳と届出印、遺産分割協議書、相続人全員の戸籍謄本と印鑑証明書などが必要。 |
| 不動産の移転登記 | 不動産の所在地を管轄する法務局 | 相続による不動産の取得を知った日から、3年以内 | 印鑑、遺産分割協議書、戸籍謄本、住民票と固定資産評価証明書などが必要。 |
| 相続税の申告 | 被相続人の住所地を管轄する税務署 | 10か月以内 | 被相続人の財産が相続税のかからない範囲なら申告は不要。 |

## 相続税早見表

| 法定相続分に対する取得金額 | 税率 | 控除額 |
|---|---|---|
| 1,000万円以下 | 10% | － |
| 3,000万円以下 | 15% | 50万円 |
| 5,000万円以下 | 20% | 200万円 |
| 1億円以下 | 30% | 700万円 |
| 2億円以下 | 40% | 1,700万円 |
| 3億円以下 | 45% | 2,700万円 |
| 6億円以下 | 50% | 4,200万円 |
| 6億円超 | 55% | 7,200万円 |

メモ欄

# ペットについて

すでに家族同様の存在となっているペットに対して、あなたの「もしものとき」を考えると何かと心配になるはずです。あなたに代わってお世話を引き継いでくれるかたのためにも、愛するペットの情報を細かく記しておきましょう。

記入日　　　年　　月　　日

## 私のペット

| 名前（愛称） || 種類・品種・色 |
|---|---|---|
| 性別 | 生年月日　　年　　月　　日 | 登録番号 |
| 好きな食べ物 || 特徴・クセ |
| 備考：病歴、日常で気をつけていることなど |||

| 名前（愛称） || 種類・品種・色 |
|---|---|---|
| 性別 | 生年月日　　年　　月　　日 | 登録番号 |
| 好きな食べ物 || 特徴・クセ |
| 備考：病歴、日常で気をつけていることなど |||

90　※記入欄が足りない場合、コピーしてお使いください。

**書き方のヒント**　毎日ペットに接しているあなただからこそ知っている情報も書き添えておくと、お世話を引き継ぐかたには心強いはずです。とくにかかりつけ病院については詳細に書きましょう。

## 私のペットのかかりつけ病院

| 病院名 | 住所・電話番号 |
| --- | --- |
|  |  |

備考：ふだんの診察内容、処方されている薬など

| 病院名 | 住所・電話番号 |
| --- | --- |
|  |  |

備考：ふだんの診察内容、処方されている薬など

## 加入しているペット保険

| 保険会社名 | 連絡先電話番号 |
| --- | --- |
|  |  |

備考：契約内容など

## 私が「もしものとき」のペットの処遇について

# 身の回り品の処分について

たとえご家族であっても見られたくないものが、どなたにもあるかもしれません。とくに、現代生活では携帯電話やパソコンのデータなど、個人所有の情報が多くなっています。それらの処分についての希望を、ここでまとめておきましょう。

記入日　　年　　月　　日

## 携帯電話について

| 契約会社名 | 契約電話番号 | 名義人名 |
|---|---|---|
|  |  |  |
| 携帯電話のメールアドレス | | 使用料金支払方法 |
| @ | |  |

☐ すべてのデータを見ないで破棄してほしい
☐ すべてのデータを見られても構わない
☐ 特定のデータのみ見られても構わない
　　見られても構わないデータ

☐ 家族の判断に任せる
☐ その他

## 携帯電話の処分に関して、その他に伝えておきたいこと

**書き方のヒント**　ご家族にデータ整理をお願いしたい希望を持っていて、携帯電話やパソコンにパスワードを設定している場合には、作業ができるように、パスワードも書いておきましょう。

## パソコンについて

| プロバイダー契約会社 | サポートセンター連絡先 |
|---|---|
|  |  |

| 名義人名 | 会員番号・ID | 使用料金支払方法 |
|---|---|---|
|  |  |  |

| メールアドレス |
|---|
| @ |

☐ すべてのデータを見ないで破棄してほしい
☐ すべてのデータを見られても構わない
☐ 特定のデータのみ見られても構わない
　　見られても構わないデータ
　　..............................................
☐ 家族の判断に任せる
☐ その他
　　..............................................
　　..............................................

## その他の身の回り品の処分についての希望

..............................................
..............................................
..............................................
..............................................

# その他、伝えておきたいこと

ここまで自分史や財産について、また「もしものとき」の希望などをまとめてきました。それでも、まだ書き残しておきたい、伝えておきたいこともおありでしょう。自由記述のこのスペースに、あなたの思いを綴っておきましょう。

記入日　　　年　　月　　日

**書き方のヒント**

どなたに対するメッセージか、そのかたの名前を書いておくとよいでしょう。また、スペースが足りなくなりそうであれば、このページをコピーしてお使いください。

第1章 「私」について

第2章 「私の財産」について

第3章 「もしものとき」のために

第4章 伝えておきたいこと

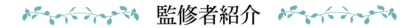

## 監修者紹介

### 久保田理子（くぼた りこ）

弁護士、久保田法律事務所所属。昭和58年早稲田大学法学部卒業。昭和62年早稲田大学大学院法学研究科修士課程修了（商法専修）後、平成元年弁護士登録。相続等家事事件の他、商事、民事、民事再生・破産等の倒産処理などを手掛ける。著書に『失敗しない遺言の書き方と遺産相続』（日東書院本社）がある。

### 髙松邦明（たかまつ くにあき）

髙松会計事務所所長、公認会計士・税理士。昭和48年大阪大学工学部卒業、昭和50年同大学院工学研究科修士課程修了後、鐘紡株式会社入社。昭和58年同社退社。等松・青木監査法人（現トーマツ）入所。昭和61年髙松会計事務所を開設。公認会計士・税理士として国際／国内税務だけでなく、資産管理支援など幅広い分野で活躍中。

---

| | |
|---|---|
| 編集・執筆 | 山口裕之 |
| ブックデザイン | 南 剛（中曽根デザイン） |
| 本文デザイン | 株式会社明昌堂 |
| 校正 | 株式会社円水社 |
| 編集部 | 丸井富美子 |

※本書の情報は2025年2月現在のものです。

---

# My Ending Note

| | |
|---|---|
| 発行日 | 2025年4月10日 初版第1刷発行 |
| 発行者 | 岸 達朗 |
| 発行 | 株式会社世界文化社 |
| | 〒102-8187 |
| | 東京都千代田区九段北4-2-29 |
| | 電話 03-3262-5124（編集部） |
| |     03-3262-5115（販売部） |
| 印刷 | 共同印刷株式会社 |
| 製本 | 株式会社大観社 |
| DTP制作 | 株式会社明昌堂 |

© Sekaibunkasha, 2025.　Printed in Japan
ISBN 978-4-418-25417-0

本書は『Myエンディングノート』（2013年刊）の内容を一部改訂したものです。

落丁・乱丁のある場合はお取り替えいたします。
定価は帯に表示してあります。
無断転載・複写（コピー、スキャン、デジタル化等）を禁じます。
本書を代行業者等の第三者に依頼して複製する行為は、たとえ個人や家庭内での利用であっても認められていません。